観戦&実戦で役に立つ！

柔道の ルール

PERFECT LESSON BOOK

審判の基本

鈴木桂治
(国士舘大学柔道部男子監督)

岸部俊一
(全日本柔道連盟Sライセンス審判員)

はじめに

柔道のルールを正しく理解したうえで技のスキルアップを目指してほしい

　これから柔道を始めようと考えている人、あるいはすでに柔道を始めている人にとって、正しくルールを理解することはとても重要な要素になる。もしルールをまったく知らない中で得意技を習得しても、試合でルールに違反することなくその技を使わなければ無意味になってしまうからだ。それでは、勝利という目的にも到達できない。
　本書では、実際に柔道をする人や観戦する人のために、柔道のルールをわかりやすく整理して解説している。柔道をする時、観戦する時などに役立ててほしい。

本書の見方

項目
柔道のルールについて、基本知識、競技方法、禁止事項と罰則の章に分け、それぞれについて項目を表示

解説
ルールの詳細と適用方法などについて、写真やイラストとともにポイントをわかりやすく解説

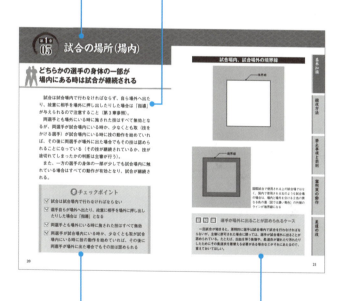

要チェックポイント
それぞれのルールについての要点やポイントを、ひと目でわかるようにピックアップ

豆知識
ルールに関する豆知識を紹介。基本ルールとともに覚えておこう

目次

はじめに 02
本書の見方 03

第1章　基本知識

01	試合場と畳	10
02	用具	12
03	柔道衣と衛生	14
04	審判員と役員	18
05	試合の場所（場内）	20
06	試合時間	26
07	試合の決着	28
08	年齢制限と階級	30

COLUMN 1 34

第2章　競技方法

01	試合の開始	36
02	寝技への移行	40
03	「待て」の適用	44
04	「そのまま」	48
05	「一本」と「技あり」の基準	50
06	「抑え込み」	58

contents

07	延長戦（ゴールデンスコア方式）	62
08	試合の終了	64
09	負傷、疾病、事故	66
COLUMN 2		68

第3章　禁止事項と罰則

01	禁止事項と罰則	70
02	指導の例（軽微な違反）	72
03	反則負けの例（重大な違反）	98
公認審判員資格		106

第4章　審判員の動作（ジェスチャー）

試合場への入退場時の礼／試合前の立ち姿勢	108
選手を試合場へ招き入れる／一本	109
技あり／技あり、合わせて一本	110
抑え込み／解けた	111
待て／そのまま⇔よし	112
柔道衣を直させる／宣告の取り消し	113
スコアなし／始め⇔それまで	114
勝者宣告／指導、反則負けを与える	115
消極的指導／偽装攻撃の指導	116

医師の要請／ベンディングポジションの指導 ------ 117
両手をブロックしている時の指導／クロスブリップ、
片襟の指導 ------ 118
襟隠しの指導／場外指導 ------ 119
立つことを促す／ピストルグリップへの指導 ------ 120
下半身への攻撃・防御の指導／合議の要請 ------ 121
場内（副審）／場外（副審） ------ 122
主審の意見取り消し・技の効果なし（副審）／寝技における「待て」（副審） ------ 123
合議の要求（副審） ------ 124

第5章　柔道技辞典86

背負投／体落 ------ 126
肩車／浮落 ------ 128
隅落／帯落 ------ 130
背負落／山嵐 ------ 132
内股すかし／小内返 ------ 134
一本背負投／浮腰 ------ 136
大腰／腰車 ------ 138
釣込腰／払腰 ------ 140
釣腰／跳腰 ------ 142
移腰／後腰 ------ 144

技	ページ
袖釣込腰／出足払	146
膝車／支釣込足	148
大外刈／大内刈	150
小外刈／小内刈	152
送足払／内股	154
小外掛／足車	156
払釣込足／大車	158
大外車／大外落	160
燕返／大外返	162
大内返／跳腰返	164
払腰返／内股返	166
巴投／隅返	168
裏投／引込返	170
俵返／横落	172
谷落／跳巻込	174
外巻込／浮技	176
横分／横車	178
横掛／抱分	180
内巻込／大外巻込	182
内股巻込／払巻込	184
崩袈裟固／肩固	186
上四方固／崩上四方固	187
横四方固／縦四方固	188

袈裟固／並十字絞	189
逆十字絞／片十字絞	190
送襟絞／片羽絞	191
袖車絞／片手絞	192
両手絞／突込絞	193
三角絞／腕緘	194
腕挫十字固／腕挫腕固	195
腕挫膝固／腕挫腋固	196
腕挫腹固／腕挫脚固	197
腕挫手固／腕挫三角固	198

予備知識

敗者復活戦	200
団体戦のルールと礼法	202
世界ランキング	203
おわりに	204
監修者・撮影モデル紹介	206

第1章

基本知識

第1章 1 試合場と畳

柔道の試合場の2つの区域名とそれぞれの大きさを確認しよう

　柔道の試合場は2つの区域に分けられ、「試合場内」と呼ばれる内側は8〜10m、「安全地帯」と呼ばれる外側は4m以上とされている（右ページの図参照）。ただし、オリンピック、世界選手権、ワールドマスターズなどは「試合場内」を10m×10mに設定して行うことになっている。

　また、「試合場内」と「安全地帯」は異なる色の畳を使用し、場内外での攻防における誤審を防ぐために明確に対比した色を使用しなければならない。その他、2つ以上の試合場を設置する場合の隣接する「安全地帯」は4mの共用部分を確保すること、試合場の全周には50cm以上の「自由区域」を設けることも覚えておこう。

要チェックポイント

- ☑ 柔道の試合場は「試合場内」と「安全地帯」と呼ばれる2つの区域で分けられている
- ☑ 「試合場内」は8〜10m、「安全地帯」は4m以上
- ☑ 「試合場内」と「安全地帯」は異なる色の畳を使用する
- ☑ 2つ以上の試合場を設置する場合、隣接する「安全地帯」は4mの共用部分を確保する
- ☑ 試合場の全周には50cm以上の「自由区域」を設ける

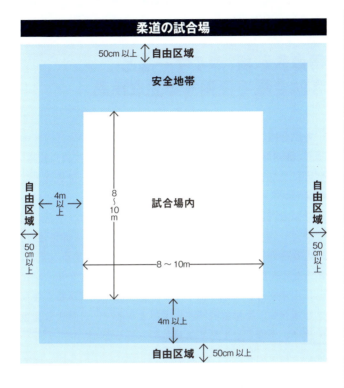

畳と畳を設置する台

　畳は、大きさが通常1m × 2mまたは1m × 1mで、圧縮材で作られたものを使用する。また、足ざわりが硬く、受身の衝撃を和らげる性質があり、滑りにくく、ざらざらしていないものとする。また、畳を設置する台は任意のものでよいが、ある程度の弾力性を備えており、木材で頑丈に作られ、約18m四方、高さ1m以下（通常は50cm以下）の条件を満たしている必要がある。

第1章 02 用具

得点表示板、タイマーなど 各試合場で使用する主な用具

　各試合場の外側には、スコアを表示する2台の得点表示板を、審判員、ジュリー（審判員を監督する審判委員）、役員、観客に見やすい場所に設置する。得点表示板には各選手に与えられた罰則（指導、反則負け）も表示させる。タイマーは、試合時間用を1個、「抑え込み」用を1個、予備1個を使用し、時計係は試合中断時間用の黄色の旗、「抑え込み」用の緑色の旗（国内試合では青色も可）を使用する。また、試合終了時間を主審に知らせるベルか音響装置を試合場ごとに用意する。なお、タイマー一体型の電光掲示板を使用する場合も、手動式の得点表示板とタイマー、黄色と緑色の旗は、予備として必ず用意しておくこと。

要 チェックポイント

- ☑ 各試合場の外側には、スコア、選手に与えられた罰則を表示するための「得点表示板」を2台設置する
- ☑ 手動式タイマーを使用する場合、試合時間用を1個、「抑え込み」用を1個、予備1個を用意する
- ☑ 時計係は試合中断時間用の黄色の旗と「抑え込み」用の緑色の旗を使用する（国内では青旗も使用可）
- ☑ 試合終了時間を主審に知らせるベルまたは音響装置を各試合場に用意する

時計係の旗

黄色　　　　　　　　　緑色

試合中断時間用　　　　「抑え込み」時間用

※国内では青色の旗を使用可

得点表示板（電光表示板）の見方

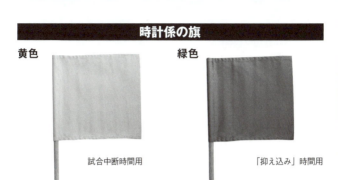

- 選手の名前
- 柔道衣の色
- 勝者スコア
- 白の「技あり」スコア
- 反則負け（指導3回・レッドカード）
- 階級表示
- 延長戦表示（GS；Golden Scoreの略）
- 時間表示（ここでは延長戦の時間）
- 青の「技あり」スコア
- 指導回数（ここでは指導2回・イエローカード）

基本知識

競技方法

禁止事項と罰則

審判員の動作

柔道の技

柔道衣と衛生

柔道衣の各部名称とサイズなど柔道衣に関する規定を覚えよう

　柔道をする時に着用する上衣、下穿、帯を、合わせて「柔道衣（柔道着）」と呼ぶ。国際大会では、一方の選手が白、一方の選手が青の柔道衣を着用して試合を行う。いずれの柔道衣も、国際柔道連盟（IJF）の規定に沿ったもので、かつ清潔で、おおむね乾燥していて不快な臭いがしていないものを着用する（全日本柔道連盟、各都道府県柔道連盟および協会、それらに準ずる柔道連盟主催の試合では、青色の柔道衣を着用することは認められていない）。

　なお、試合前にはサイズを含めて規定に合った柔道衣かを確認することになっている（柔道衣コントロール）。柔道衣各部の名称やサイズと合わせて覚えておこう。

要チェックポイント

- ☑ 柔道衣（柔道着）は、上衣、下穿、帯で構成されている
- ☑ 国際大会では、一方の選手が白、一方の選手が青の柔道衣を着用する
- ☑ 柔道衣は、国際柔道連盟（IJF）の規定に沿ったものを着用する
- ☑ 柔道衣は、清潔で、おおむね乾燥していて、不快な臭いがしていないものを着用する

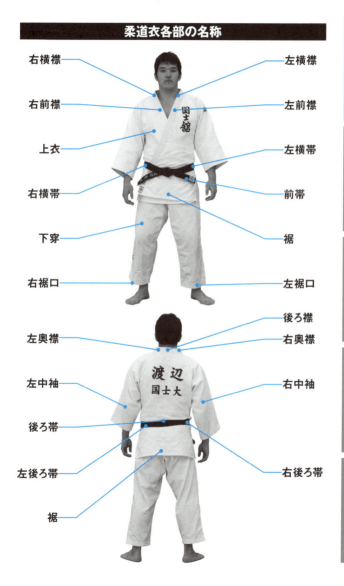

柔道衣のサイズ

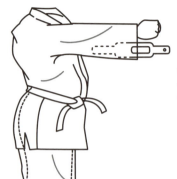

袖
袖は、柔道衣コントロール（柔道衣検査）を受ける時の高さまで両腕を上げた状態で、手首が覆われなければならない

上衣
- 上衣の併せ目で下襟の長さが、水平で 20cm 以上
- 胸骨の一番上から襟の重なりあう部分まで垂直で 10 ㎝未満
- 女子選手が上衣の下に着る半袖シャツ（またはレオタード）の色は無地の白または白に近い色で、丸首とする

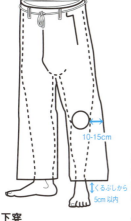

下穿
- 下穿の空きは全長に渡り、下穿と脚との間が 10 ～ 15cm 以内
- 下穿の長さは足首の関節まで 5cm 以内（足首の関節から 5cm 短い位置まで）

帯
- 帯の長さは結び目から両端まで 20 ～ 30cm 程度
- 帯の厚みは 4 ～ 5mm
- 女子選手の帯は白線の入っていないものを使用

規格面
上衣の 1m² あたりの重量は 650g ～ 750g、襟幅は最大 4cm。また襟は 4 筋縫いであること。襟は簡単に垂直方向に折り曲げることができること

衛生

　柔道を行う際は、手足の爪は短く切るなど選手の個人的衛生が良い状態に保たれている必要がある。長い髪の場合は試合相手の迷惑にならないようにヘアバンドで束ねること（ヘアバンドを使用する場合はゴムかそれに類似した材質で、固い材質や金属が使われていないことが条件となる）。なお、頭部は医療目的で使用される包帯やテーピング以外で覆ってはいけないので、注意すること。

　これら柔道衣や衛生の要件を満たしていない選手は試合をする権利が放棄させられ、試合前なら相手の「不戦勝ち」が、試合開始後なら相手の「棄権勝ち」が、主審と副審の合議のうえで決定される。

第1章 04 審判員と役員

審判員は、判定を司る主審1名と副審2名によって構成されている

　柔道の試合は、原則として主審1名、副審2名による審判員のもとで行われる（国際柔道連盟の規定では2名の選手と異なる国籍の3名の審判員）。なお、審判員を務めるためには公認審判員資格が必要になる（P106参照）。

　また、試合では得点表示係、時計係、記録係が審判員を補助することになっている。その他、ジュリー（審判員を監督する審判委員）やケアシステム（ビデオ判定）も審判員の判定を補助する役割を担っている。ここでは、それぞれの役割を紹介しよう。

主審（レフェリー）の主な役割

- 主審は原則として試合場内に位置し、試合の進行と勝敗の判定を司る。また、自分の判定が正しく記録されていることを確認する
- 試合が始まる前に、試合場、用具、柔道衣、衛生、競技役員など、すべてが適正かを確認する
- 担当する試合の前に、試合場の試合終了を示す音、医師、医療担当者の位置を確認する
- 試合者の妨げや怪我の原因となる位置に、観客、カメラマン、係員などがいないことを確認する
- 試合場近くに座る2名の副審と無線機によりつながっている

主審が左胸に付けるエンブレム（写真は全日本柔道連盟Sライセンスのもの）

副審(ジャッジ)の主な役割

- 試合場近くに座り、イヤホンを装着した主審とともに試合を裁く
- ジュリーの監督の下、ケアシステムを活用して多数決の原理に基づいて主審に無線機を通じて助言する
- 得点表示の誤りに気付いた時は主審に知らせる

審判員、係員などの位置

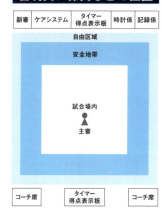

時計係、得点表示係、記録係の主な役割

役員	主な役割
時計係 (「抑え込み」 時間担当)	「抑え込み」時間担当者は、「抑え込み」の宣告を聞いて時計を始動し、「解けた」または「待て」の宣告で時計を停止する。また、「抑え込み」時間が終了した時は音による合図で「抑え込み」の終了を知らせる
	タイマー型電光表示板を使用する時は予備として旗を用意する。その場合、「抑え込み」または「よし」の宣告で時計を始動した時に緑色の旗を上げ、「解けた」「待て」「そのまま」で時計を停止した時、あるいは「抑え込み」時間が終了した時に緑色の旗を下ろす
時計係 (試合時間担当)	タイマー型電光表示板を使用する時は予備として旗を用意する。その場合、「待て」または「そのまま」の宣告で時計を停止した時は黄色の旗を上げる。「始め」または「よし」の宣告で時計を再始動する時は黄色の旗を下ろす
	試合時間が終了した時、明確に聞き取れる音による合図で試合終了を主審へ知らせる
得点表示係	試合の経過や結果を正確に表示する
記録係	全試合の経過を記録する

※時計係は最低2名必要で、1名は試合時間、もう1名は「抑え込み」時間を担当。可能であれば3人目の時計係を配置し、2名の時計係の過失を防止できる体制をとることが望ましい

試合の場所（場内）

どちらかの選手の身体の一部が場内にある時は試合が継続される

　試合は試合場内で行わなければならず、自ら場外へ出たり、故意に相手を場外に押し出したりした場合は「指導」が与えられるので注意すること（第3章参照）。

　両選手とも場外にいる時に施された技はすべて無効となるが、両選手が試合場内にいる時か、少なくとも取（技をかける選手）が試合場内にいる時に技の動作を始めていれば、その後に両選手が場外に出た場合でもその技は認められることになっている（その技が継続されているか、技が途切れてしまったかの判断は主審が行う）。

　また、一方の選手の身体の一部が少しでも試合場内に触れている場合はすべての動作が有効となり、試合が継続される。

要 チェックポイント

- ☑ 試合は試合場内で行わなければならない
- ☑ 選手自らが場外へ出たり、故意に相手を場外に押し出したりした場合は「指導」となる
- ☑ 両選手とも場外にいる時に施された技はすべて無効
- ☑ 両選手が試合場内にいる時か、少なくとも取が試合場内にいる時に技の動作を始めていれば、その後に両選手が場外に出た場合でもその技は認められる

試合場内、試合場外の境界線

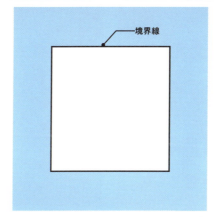

境界線

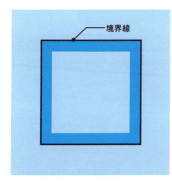

境界線

国際試合で使用される上の試合場ではなく、国内で使用される左のような試合場の場合は、場内と場外を分ける2色の異なる色の畳（図では濃い青色）の外側のラインが境界線になる

豆知識　選手が場外に出ることが認められるケース

　一旦試合が始まると、原則的に選手は試合場内で試合を行わなければならないが、主審に許可された場合に限っては、選手が試合場外に出ることが認められている。たとえば、出血を伴う負傷や、柔道衣が破れたり汚れたりしたためにその柔道衣を着替える必要がある場合などがそれにあたるので、覚えておいてほしい。

立っている両選手が場内 立っている両選手が場外

両選手がともに試合場内に立っている場合は場内

両選手が試合場外に出た場合は場外となり、主審は「場外指導」または「待て」を宣告

取が場内で技をかけ始めた場合は場内

取の身体の一部が場内にある時に技の動作を始め、その後に両選手が場外に出た場合、その技が継続されている間は場内（場内で始まった行為については継続される）

取が場内で技をかけ始め、その後に受が返した場合は場内

一方の選手だけが試合場内にいる状態で、試合場内の選手（白）が技をかけた後に試合場外にいた選手（青）が返し技をかけた場合、その動作に継続性がある時は場内として継続される

場内で始まった寝技が継続している間は場内

両選手の身体の一部が場内にある状態で寝技をかけた場合、主審は「抑え込み」を宣告する

場内で宣告された「抑え込み」が継続された状態で両選手が場外に出た場合は、そのまま継続される

場内から場外に出た後に受が技を返した場合

1

2

3

4

5

6

場内で「抑え込み」が宣告され、両選手が場外に出た後に受（青の選手）が継続性を持って主導権を奪い、技を返して抑え込みの体勢となった場合、主審は「解けた」「抑え込み」と宣告し、そのまま継続される

第1章 06 試合時間

試合は男女ともに4分で行われ「待て」「そのまま」は時計を止める

　試合は、男子女子ともに4分で行われ、勝敗が決まらなかった場合はゴールデンスコア方式の延長戦（P62~63参照）を行う。国際柔道連盟（IJF）の主催で行われるジュニアの男子女子、カデの男子女子の大会においても、同様の試合時間で行われる。試合中、主審による「待て」と「始め」の宣告の間と、「そのまま」と「よし」の宣告の間に経過した時間は試合時間に含めないことも覚えておこう。また、選手は1つの試合と次の試合の間に10分間の休息をとる権利を持っている。

　試合終了時間は、ベルを鳴らすか、それに類した音響合図によって主審に知らせるが、同時に複数の試合場を使用している時は異なる音響装置を用いることになっている。

要チェックポイント

- ☑ 試合時間は、男子女子ともに4分
- ☑ 主審による「待て」と「始め」の宣告の間、「そのまま」と「よし」の宣告の間の時間は試合時間に含めない
- ☑ 選手は試合と試合の間に10分間の休息をとる権利を持っている
- ☑ 試合終了時間は、ベルを鳴らすか、それに類した音響合図によって主審に知らせる

各大会の試合時間

シニア男子および団体戦	試合時間＝4分
シニア女子および団体戦	試合時間＝4分
ジュニア（21歳未満）男子・女子および団体戦	試合時間＝4分
カデ（18歳未満）男子・女子および団体戦	試合時間＝4分

写真：FlickreviewR CC-BY-2.0

シグナル

「待て」

試合を一旦中止する時、主審は片手を伸ばして肩の高さまで水平に上げ、指を上にして掌を時計係に向ける動作をして「待て」（P.44～47参照）と宣告する。

第1章 07 試合の決着

どちらかの選手が「一本」または「技あり」2回を取ったら決着する

　試合は、4分のうちにどちらかの選手が「一本」を取った時、「技あり」を2回取った時（「技あり、合わせて一本」）、棄権勝ちをした時、反則負けをした時、どちらかの選手が負傷で試合を続行できなくなった時に終了する。「抑え込み」の場合は10秒で「技あり」、20秒で「一本」とする。また、4分間のスコア（「技あり」）で上回った選手が勝者となる（「指導」1〜2回はスコアの対象外）。

　その他、どちらかの選手が4分間で「指導」を3回受けた時も試合は終了し、その選手が敗者となる。現行のルールでは、下半身への攻撃防御を行った時の「指導」も3回で反則負けとなるので覚えておこう。なお、4分で勝敗が決しなかった場合はゴールデンスコア方式の延長戦を行う。

要チェックポイント

- ☑ 4分のうちに「一本」を取ったら勝者となる
- ☑ 同じく「技あり」2回で勝者となる
- ☑ 相手選手が棄権した時、または相手選手が反則負けとなった場合も勝者となる
- ☑ 相手選手が4分間で「指導」を3回受けたら勝者となる
- ☑ スコアで上回った選手が勝者となる

試合の勝敗決定

技の判定	「一本」または「技あり」2回
抑え込み時間	20秒で「一本」、10秒で「技あり」
「指導」による反則負け	「指導」3回で反則負け（1回目、2回目の「指導」では決着しない）
スコア	4分間でスコア（「技あり」1回）で上回った場合は勝ち
延長戦（ゴールデンスコア方式）	「一本」「技あり」「反則負け（3回目の指導を含む）」が与えられた時点で試合終了（「指導」の差では決着しない）

試合中にどちらかの選手が「一本」をとった時に試合は終了する

シグナル

「それまで」

試合が決着した時、または試合時間4分が終了した時（ベル、またはそれに類した音響装置で主審に知らせる）、主審は「それまで」と宣告し、試合を終了させる。

そ␣れまで

第1章 08 年齢制限と階級

試合は、男女別、年齢別、体重別で、それぞれ行われる

　国際柔道連盟（IFJ）が主催する国際大会をはじめ、柔道の大会では男女別、年齢別、体重別でカテゴリー分けをし、それぞれのカテゴリーごとに試合を行う。

　まず、年齢では21歳以上のシニア、15歳以上21歳未満のジュニア、15歳以上18歳未満のカデと、3つのカテゴリーに分けられ、男子女子それぞれで試合を行う。また、それぞれのカテゴリーは体重別の階級に分けられているので、ここで紹介する表を参照して覚えておこう。なお、計量時の体重が各階級の上限を超えた時、個人戦では上限体重の5％までを、団体戦では個人戦に出場した選手は2kgまでを許容範囲とし、出場が認められる（個人戦に出場していない選手は上限体重の5％まで）。

年齢制限（年齢別のカテゴリー）	
シニア（男女）	21歳以上
ジュニア（男女）	15歳以上21歳未満
カデ（男女）	15歳以上18歳未満

男子シニアの階級

階級	体重	許容範囲（+5%）
60kg 級	60kg以下	63kg
66kg 級	60kg超〜66kg以下	69.3kg
73kg 級	66kg超〜73kg以下	76.7kg
81kg 級	73kg超〜81kg以下	85.1kg
90kg 級	81kg超〜90kg以下	94.5kg
100kg 級	90kg超〜100kg以下	105kg
100kg 超級	100kg超〜	—

女子シニアの階級

階級	体重	許容範囲（+5%）
48kg 級	48kg以下	50.4kg
52kg 級	48kg超〜52kg以下	54.6kg
57kg 級	52kg超〜57kg以下	59.9kg
63kg 級	57kg超〜63kg以下	66.2kg
70kg 級	63kg超〜70kg以下	73.5kg
78kg 級	70kg超〜78kg以下	81.9kg
78kg 超級	78kg超〜	—

男子ジュニアの階級

階級	体重	許容範囲（＋5%）
55kg級	55kg以下	57.8kg
60kg級	55kg超～60kg以下	63kg
66kg級	60kg超～66kg以下	69.3kg
73kg級	66kg超～73kg以下	76.7kg
81kg級	73kg超～81kg以下	85.1kg
90kg級	81kg超～90kg以下	94.5kg
100kg級	90kg超～100kg以下	105kg
100kg超級	100kg超～	―

女子ジュニアの階級

階級	体重	許容範囲（＋5%）
44kg級	44kg以下	46.2kg
48kg級	44kg超～48kg以下	50.4kg
52kg級	48kg超～52kg以下	54.6kg
57kg級	52kg超～57kg以下	59.9kg
63kg級	57kg超～63kg以下	66.2kg
70kg級	63kg超～70kg以下	73.5kg
78kg級	70kg超～78kg以下	81.9kg
78kg超級	78kg超～	―

男子カデの階級

階級	体重	許容範囲（+5%）
50kg 級	50kg以下	52.6kg
55kg 級	50kg超～55kg以下	57.9kg
60kg 級	55kg超～60kg以下	63.1kg
66kg 級	60kg超～66kg以下	69.4kg
73kg 級	66kg超～73kg以下	76.8kg
81kg 級	73kg超～81kg以下	85.2kg
90kg 級	81kg超～90kg以下	94.6kg
90kg 超級	90kg超～	―

女子カデの階級

階級	体重	許容範囲（+5%）
40kg 級	40kg以下	42.1kg
44kg 級	40kg超～44kg以下	46.3kg
48kg 級	44kg超～48kg以下	50.5kg
52kg 級	48kg超～52kg以下	54.7kg
57kg 級	52kg超～57kg以下	60kg
63kg 級	57kg超～63kg以下	66.3kg
70kg 級	63kg超～70kg以下	73.6kg
70kg 超級	70kg超～	―

column 1
東京の永昌寺で嘉納治五郎氏が指導を始めたのが柔道のルーツ

　現在世界中に普及している柔道は、1882年、東京下谷北稲荷町（現在の台東区東上野）の永昌寺で嘉納治五郎氏が指導を始めたのがそのルーツとされている。嘉納氏は、日本古来の柔術を学び、各流派の長所を集めて改善すると、新しい柔術の技術体系や指導体系を確立。それが講道館柔道となった。

　その後、柔道人口が増加するにともなって学校の正科目となるも、第2次世界大戦直後は進駐軍の「武道禁止」の命により、学校での柔道が禁止されることとなる。しかし1948年、全日本柔道選手権大会が復活したのをきっかけに、翌年に全日本柔道連盟が設立されると、再び学校での柔道も許可されるようになった。

　同時に、戦後は海外にも柔道が普及し、1951年に国際柔道連盟（IJF）が発足。1964年の東京オリンピックで男子が、また1992年のバルセロナオリンピックでは女子が正式種目として認められ、柔道は今日に至るまで世界に広く普及、認知されるようになっている。

第2章

競技方法

試合の開始

試合時の入場から開始までの流れと礼の仕方を覚えておこう

　通常、選手は試合場内に入る時に礼をする（ただし、この礼は強制されるものではない）。そして、畳に上がる時は両選手が試合場まで同時に歩いて入場し、それぞれの側の試合場内の外枠の中央（安全地帯の上）に進み、そこに待機する（主審の位置から見て最初に呼ばれた選手が右側、次に呼ばれた選手が左側）。

　次に、主審の合図で前方に進み（開始線がある場合はその線まで進む）、同時に互い礼を行い、左足から一歩前に出て、主審が「始め」を宣告した後、試合を始める。ここで紹介している試合開始までの流れと正しい礼の仕方を、しっかり覚えておこう。

要チェックポイント

- ☑ 強制ではないが、選手は試合場内に入る時に礼をする
- ☑ 畳に上がる時は両選手が同時に歩いて入場する
- ☑ 選手は、試合が始まる前に握手をしてはいけない
- ☑ 試合場内の外枠の中央（安全地帯の上）に進んで待機する。次に、主審の合図で前方へ進み、互いに礼を行って左足から一歩前に出る
- ☑ 主審が「始め」を宣告したら、立ち姿勢から始める

選手の入場から試合開始までの流れ

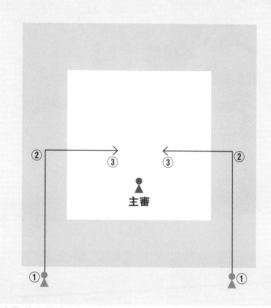

①試合場に入る時に礼をする、②試合場内の外枠の中央(安全地帯の上)に進んで待機する、③主審の合図で前方へ進み、互いに礼を行って左足から一歩前に出る。主審の「始め」の宣告で試合を始める

シグナル

「試合者(選手)を試合場へ招き入れる」
両選手が試合場内の外枠の中央(安全地帯の上)に進んで待機したら、主審は両腕を左右に広げて両選手を場内に招き入れる。

試合場外で礼をする（強制ではない）

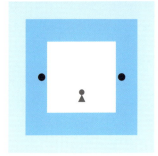

試合場へ上がったら、そのまま試合場内の外枠の中央に進み、左写真のような姿勢で待機する

かかとをつけて、足先を約60度の角度にする

主審の合図により場内に入るが、その前に身体を30度の角度に曲げて礼をする（強制ではない）

前方へ進み、互いに礼を行う

主審の合図で前方へ進んだら、気をつけの姿勢をとって立つ（開始線がある場合は線を踏まないようにして立つ）

この時もかかとをつけ、足先を約60度の角度にする

同時に互いに礼を行う。立礼は腰から身体を30度に曲げて行う

左足から一歩前に出て、写真のように両足を肩幅程度に開いて立つ。この後に主審が「始め」の宣告を行う

左足から一歩前に出て立った時の足の開き具合

第2章 02 寝技への移行

立ち姿勢から寝技への移行が認められるケースを覚えよう

　柔道は立ち姿勢で行うが、下の表にある5つのケースに限っては、立技から寝技に転じることが認められている。ただし、用いられた技に継続性がないと主審が判断した場合は、「待て」が宣告され、両選手が再び立ち姿勢になって試合を再開する。また、下の5つのケース以外の動作で寝技に引き込んだ時、相手がこれに応じて寝技を続けようとしない場合は、引き込んだ選手に指導が与えられるので注意してほしい。なお、このケースで相手が応じて寝技を継続した場合は、アドバンテージとしてその寝技は継続されることになる。

　右ページ以降で紹介する寝技の定義、寝技への移行の例、肩三角グリップについても、合わせて覚えておこう。

寝技への移行が認められるケース

①	一方の選手が投技を施し、引き続き寝技に転じて攻める場合
②	一方の選手が投技を施し損なって倒れた際、他方の選手が寝技に転じて攻める場合
③	一方の選手が立ち姿勢で絞技を施し、引き続き寝技に転じて攻める場合
④	投技とは認められないが、一方の選手が巧みな動作で相手を倒し、引き続き寝技に転じて攻める場合
⑤	その他の何らかの理由で一方の選手が倒れるか、倒れかかった際、他方の選手がその体勢を利用して寝技に転じて攻める場合

寝技の定義

両選手の両ひざが畳についている場合は、寝技と見なす

投技を施し損なって倒れた時、他方の選手が寝技に転じて攻める場合は寝技とみなす

寝技で攻める意志がなく、相手と一切接触がない場合は「待て」が宣告される

○ 立技から寝技への移行が認められるケース

1 白（手前）が立姿勢から投技をかける

2 投技をかけられた青の体勢が崩れる

3

4 投技で一本は取れなかったが、白がそのまま寝技をかけた

5 技に継続性が認められたので、そのまま寝技は継続される

× 技に継続性がない場合は「待て」

1 青（右）が投技をかける

2 青が寝姿勢になるも白が踏ん張る

3 技に継続性がないので「待て」となる

「肩三角グリップ」について

寝技の場合、肩三角グリップを施すことが認められる

×寝技で認められない例

寝技において、脚で相手の身体を固定し、肩三角グリップを施すことは禁止行為であり、「待て」が宣告される

×立技では認められない

立技における肩三角グリップは禁止行為であり、「待て」が宣告される

「待て」の適用

主審の「待て」の宣告により試合が中断されるケース

　試合中、どちらかの選手または両選手が場外に出た場合や、禁止事項を犯したり危険な行為を行ったりした場合、主審が試合を中断するために「待て」を宣告し、試合が中断される。また、主審が「始め」を宣告して試合が再開されるまでの間は試合時間に含めない（その他「待て」が宣告される状況については右ページ参照）。

　なお、例外として主審が選手に「指導」を与えるために「待て」を宣告した場合については、その場で「指導」が与えられる（「待て」→「指導」→「始め」の順に宣告される）が、場外に出たことへの「指導」が宣告された場合は、基本的に選手は開始位置に戻って試合を再開する。

要チェックポイント

- ☑ 両選手が完全に試合場外に出た時は「待て」が宣告され、選手は開始位置に戻って試合を再開する
- ☑ どちらかの選手または両選手が禁止事項に該当する場合は「待て」が宣告される
- ☑ 寝技において、明らかに進展がない時は「待て」が宣告される
- ☑ 「待て」が宣告された時、「始め」の宣告があるまでの間は試合時間に含めない（時計を止める）

主審が「待て」を宣告するケース

①	両選手が完全に試合場外に出た時
②	どちらかの選手または両選手が禁止事項に該当する時
③	どちらかの選手または両選手が負傷、発病した時
④	どちらかの選手または両選手に柔道衣の乱れを直させる時
⑤	寝技において、明らかに進展がない時
⑥	どちらかの選手または両選手が相手に背中から絡みつかれ、うつ伏せの状態から半分立ち上がるか、立ち上がって畳から両手が離れ、相手の力によって制御されていない時（P46参照）
⑦	選手Aが立ち姿勢のまま、または寝姿勢から立ち姿勢に移った際、畳に背を着けた選手Bが片足か両足を選手Aの身体に巻きつけている状態から、選手Aが選手Bを畳から引き上げた時（P47参照）
⑧	どちらかの選手が、立ち姿勢から絞技を施すか、施そうとしたが十分な効果が表れない時
⑨	どちらかの選手が、暴力的行為や柔道に基づかない技を仕掛けようと動作を始めた時（主審は直ちに「待て」を宣告して動作を止めさせ、その行為を最後まで行わせない）
⑩	その他、主審が必要と認めた時

豆知識　主審が「待て」を宣告すべきではない状況

ここでは、主審が「待て」を宣告するべきではないとされている状況を紹介するので、覚えておこう。
- **危険と思われる状態以外で試合場外に出ようとしている選手を止めるために、主審は「待て」を宣告しない**
- **抑込技、絞技、関節技などから逃れた選手に休息が必要と見受けられる、またその選手が休息を要求しても、主審は「待て」を宣告しない**

なお、主審が寝技において誤って「待て」を宣告して選手がその場を離れてしまった場合については、主審は選手が不公平にならないよう、多数決の原則に基づき、できる限り元の位置に近い状態に選手を戻して試合を再開させることになっている。

「待て」が宣告される例①

どちらかの選手または両選手が、相手に背中から絡みつかれ、うつ伏せの状態から半分立ち上がるか、立ち上がって畳から両手が離れ、相手の力によって制御されていない時

「待て」が宣告される例②

選手A（白）が立ち姿勢のまま、または寝姿勢から立ち姿勢に移った際、畳に背をつけた選手B（青）が片足か両足を選手Aの身体に巻きつけている状態から、選手Aが選手Bを畳から引き上げた時

第2章 04 「そのまま」

寝技の最中に指導や負傷があった時「そのまま」が宣告されることがある

　試合中に寝技が行われている時、一方の選手に「指導」の対象となる行為があった場合、あるいは選手が負傷した場合など、主審が「そのまま」を宣告して試合を止めることがある。試合を再開する際は、選手の位置や組み方に「そのまま」が宣告された時と変化がない状態に戻し、主審が「よし」と宣告して再開する。

　また、「指導」を与えられる選手が不利な状況にある場合は、あえて「そのまま」を宣告せず、主審が試合を止めずに「指導」を与えることができる。なお、「そのまま」は寝技においてのみ適用される。

要 チェックポイント

- ☑ 寝技が行われている時、一方の選手に「指導」の対象となる行為があった場合、主審が「そのまま」を宣告して試合を止めることがある
- ☑ 寝技中に選手が負傷した場合、主審が「そのまま」を宣告して試合を止めることがある
- ☑ 「そのまま」は、寝技においてのみ適用される
- ☑ 試合を再開する際は、選手の位置や組み方に変化がない状態にして、主審が「よし」と宣告して再開する

豆知識 医療行為が必要な場合

寝技の攻防中に一方の選手が負傷したと合図をした場合、主審が医師の診察が必要だと判断したら、必要に応じて主審は「そのまま」と宣告し、両選手を離すことができる。診察を終えて試合を再開する際は、両選手を「そのまま」の宣告前の状態に戻してから、主審が「よし」と宣告して試合を再開する。

シグナル

「そのまま」⇔「よし」
選手の位置を変えずに試合を一時的に止める時、主審は右の写真の動作をしながら「そのまま」と宣告する。試合を再開する時は主審が「よし」と宣告して選手から手を離す。

第2章 05 「一本」と「技あり」の基準

立技と寝技における「一本」と「技あり」の基準を覚えよう

　主審は、施された技に効果があったと判断した時、「一本」または「技あり」を宣告する。「一本」とは、相当な強さと速さをもって投げた時、抑え込みを20秒間継続した時、抑込技、絞技、関節技をかけた際に相手が手か足で畳か身体を2度以上叩くか「参った」と言った時、相手が「反則負け」を宣告された時、と定義されている（P51参照）。

　また、立技における「一本」は、①スピード、②力強さ、③背中が着く、④着地の終わりまでしっかりとコントロールしている、という4つの評価基準をすべて満たした時に認められ、「技あり」はそれら4つの評価基準をすべて満たしていなかった時に宣告される（以前のルールにおける「有効」も「技あり」の評価に含まれる）。なお、寝技は20秒で「一本」、10秒で「技あり」となる。

　ここでは、「一本」と「技あり」の基準について詳しく紹介する。

「一本」の基準

①	どちらかの選手が、相手を制しながら大きなインパクトを伴って背が畳に着くように、相当な強さと速さをもって投げた時 ※大きなインパクトがなく、ローリングした場合、「一本」とは認められない。ローリングに関しては、（背中の一部が）着地してから中断せずに背中が着いた場合にのみ「一本」が与えられる ※投げられた選手が故意に「ブリッジ」をしようとした場合はすべて「一本」となる。また、「ブリッジ」を試みた状態（身体がアーチ状になる）も「ブリッジ」とみなす
②	どちらかの選手が相手を抑え込み、主審による「抑え込み」の宣告の後に20秒間逃げることができなかった時
③	抑込技、絞技、関節技の結果として、選手が手または足で2度以上叩くか、または「参った」と言った時（P53参照）
④	どちらかの選手が、絞技あるいは関節技によって戦意を喪失した時
⑤	試合中、どちらかの選手が「技あり」2回をとった時は「合わせて一本」になる
⑥	どちらかの選手が「反則負け」を宣告された時は他方の選手が「一本」と同等の勝者となる。試合中に「指導」3回を受けた時、その選手は「反則負け」となる

◎特別な状況
両選手が同時に攻撃をした後、畳に倒れ、主審、両副審ともにどちらの技が優位か判断できない時は何の評価も与えない。万一両選手が同時に「一本」を取った場合は延長戦（ゴールデンスコア方式）を行う

「技あり」の基準

①	どちらかの選手が相手を制しながら投げ、その技が「一本」に必要な4つの要素のうち1つ以上不足している場合 ※立技「一本」における4つの評価基準＝①スピード、②力強さ、③背中が着く、④着地の終わりまでしっかりとコントロールしている
②	どちらかの選手が相手を抑え込み、10秒以上20秒未満、逃げられなかった時

受が着地する角度(「一本」の場合」)

※受が着地する角度により「一本」と「技あり」の評価が決まる。以下の矢印のように転がり、背中を着いた場合は「一本」となる

受が着地する角度(「技あり」の場合」)

※以下の矢印のように転がり、背中を着いた場合は「技あり」となる。なお、着地してから動作が一時中断し、その後ローリングした場合「技あり」が与えられることがある

「参った」の合図を覚えよう

「参った」とは、抑込技、絞技、関節技などで、技をかけられた選手が主審または相手選手に自らの負けを伝え、その技を解くように要請することを指す。その場合、技をかけられた選手が「参った」と言うか、相手の身体、自分の身体、畳のいずれかを2回以上、手や足で叩くことで合図を送る方法をとる。

なお、技をかけられた選手が「参った」と言うか、合図を送った時点で、技をかけた選手の「一本」勝ちとなる。以下の写真を参考に、合図を送る手段を覚えておこう。

相手の身体を手で2回叩く

相手のひざ下を叩いて知らせる

自分の身体を手で2回叩く

自分の胸部を叩いて知らせる

畳を手で2回叩く

左手で畳を叩いて知らせる

畳を足で2回叩く

足で畳を叩いて知らせる

「技あり」の評価基準

※投げられる際に両ひじまたは両手で着地した場合、「技あり」が与えられる。また、片ひじ、尻もち、またはひざで着地して継続的な流れでただちに背中を着いた場合も、「技あり」が与えられる

片ひじで着地した例①

左のひじが畳に着いているので「技あり」となる

片ひじで着地した例②

左のひじが畳に着いているので「技あり」となる

片ひじで着地した例③

左のひじが畳に着いているので「技あり」となる

片ひじで着地した例④

左のひじが畳に着いているので「技あり」となる

片ひじで着地した例⑤

左のひじが畳に着いているので「技あり」となる

両ひじで着地した例

両ひじが畳に着いているので「技あり」となる

両手で着地した例

両手が畳に着いているので「技あり」となる

片手と片ひじで着地した例

片手と片ひじが畳に着いているので「技あり」となる

「技あり」にならない例

ひじが着いていない例①

ひじが畳に着いていないので「技あり」ではない

ひじが着いていない例②

ひじが畳に着いていないので「技あり」ではない

ひじが着いていない例③

ひじが畳に着いていないので「技あり」ではない

ひじが着いていない例④

ひじが畳に着いていないので「技あり」ではない

ブリッジで着地した場合

※故意にブリッジの体勢で着地した場合は、すべて技をかけた選手に「一本」が与えられる

両足を着いた体勢でのブリッジ

故意に両足ブリッジの体勢で着地した場合は、技をかけた選手の「一本」となる

片足を着いた体勢でのブリッジ

故意に片足ブリッジの体勢で着地した場合も、技をかけた選手の「一本」となる

ヘッドディフェンスをした場合

※相手の投技に対して、背中から着地することやスコアをとられることを防ぐため、故意に頭部を使用する動作に対しては「反則負け」が与えられる

背中から着地することやスコアをとられることを防ぐため、故意に頭部を使用する動作には「反則負け」が与えられる

故意ではないヘッドディフェンス

※故意ではないヘッドディフェンスに対しては罰則が与えられない。ただし、取が背負落、両袖をつかんで施す袖釣込腰、両襟をつかんで施す腰車を試みようとした場合は、主審が注意深く判断するので注意しよう（これら3つの投技以外でも故意ではないヘッドディフェンスは起こり得ることもある）

一本背負投の例

青の選手が故意ではないヘッドディフェンスをする

白の選手が青の選手に一本背負投を試みる

「抑え込み」

どの状態で「抑え込み」となるのか その基準をしっかり頭に入れよう

　試合中、どちらかの選手が施した技が右ページの表にある基準に相当した場合、主審は「抑え込み」を宣告する。その後、20秒間抑え込んだ時は抑え込んだ選手の「一本」に、10秒以上20秒未満の時は「技あり」になる。

　抑えられている選手が両脚で相手の脚を挟んだ場合やうつ伏せなどで逃れた場合、主審は「解けた」を宣告し、抑え込み時間もストップする。また、一方の選手が相手を「抑え込み」で制し、その後に他の抑込技に変化した場合、完全に制している限りは「一本」か、「解けた」または「待て」が宣告されるまでその抑え込み時間は継続される。なお、「抑え込み」が試合終了と同時、あるいは「抑え込み」の途中で試合終了時間になった場合は、「一本」または「解けた」が宣告されるまで継続される。

要チェックポイント

- ☑ 抑えられている選手が両脚で相手の脚を挟んだ場合やうつ伏せなどに逃れた場合、主審は「解けた」を宣告し、抑え込み時間の計測もストップする
- ☑ 試合終了と同時に「抑え込み」が宣告された場合、あるいは「抑え込み」の途中で試合終了時間になった場合、試合は「一本」または「解けた」が宣言されるまで継続される

「抑え込み」の基準

①	抑えられた選手が相手によって制せられており、畳に背、両肩または片方の肩が着いている
②	抑えている選手が横側、頭上、身体の上から制している
③	抑えている選手が相手の脚で自分の脚または身体を制せられていない
④	抑え込んでいる選手は、その身体が「袈裟」「四方」「裏」の体勢、すなわち「袈裟固」「上四方固」「裏固」のようなかたちにならなければならない

シグナル

「抑え込み」

「抑え込み」を宣告する時、主審は選手に向かって上体を曲げ、選手の方へ掌を下に向けて片腕を挙げる。

シグナル

「解けた」

「解けた」を宣告する時、主審は片腕を前方に挙げ、上体を選手の方に曲げながら左右に早く2、3回振る。

袈裟固が「解けた」例

袈裟固が「解けた」例①

抑えられた選手が抑えている選手の脚を両脚で挟んでロックしているので「解けた」となる

袈裟固で「抑え込み」

抑えられた選手が背や肩を畳に着け、袈裟固で制せられている状態

袈裟固が「解けた」例②

抑えられた選手が抑えている選手の脚を、①とは逆から両脚で挟んでロックしているので「解けた」となる

横四方固が「解けた」例

横四方固で「抑え込み」
抑えられた選手が横四方固によって制せられている状態

横四方固が「解けた」例
横四方固で抑えられた選手が、抑えている選手の脚を両脚で挟んでロックしているので「解けた」となる

「指導」の対象となる絞技・関節技

相手の脚を過度に伸展して施す絞技や関節技は禁止されている。このような行為があった場合、主審は「待て」を宣告し、技を施した選手には「指導」が与えられる

第2章 07 延長戦（ゴールデンスコア方式）

4分間の試合で決着がつかなかった時 ゴールデンスコア方式の延長戦を行う

　4分が終了しても両選手にスコアがなかった場合、もしくはお互い同スコアの場合は、ゴールデンスコア方式の延長戦に移行する。規定の試合中の「指導」回数に差があった場合でも、「指導」の差では決着せずにゴールデンスコア方式の延長戦を行う（ただし試合中に「指導」3回が与えられた時点で「反則負け」が成立）。

　ゴールデンスコア方式の延長戦は時間無制限で行われ、どちらかの選手が「一本」か「技あり」を取るか、どちらかが「反則負け」となった時点で勝敗は決するが、「指導」の差では決着しないので覚えておこう。なお、規定の試合中の得点表示板をそのまま持ち越すので、「指導」の回数は延長戦でもそのまま累積することになっている。

要チェックポイント

- ☑ 4分間で両選手にスコアがなかった場合、または同スコアだった場合は、ゴールデンスコア方式の延長戦を行う
- ☑ ゴールデンスコア方式の延長戦は時間無制限
- ☑ 得点表示板は元の試合の内容をそのまま持ち越す
- ☑ どちらかの選手が「一本」か「技あり」を取るか、どちらかが「反則負け」となった時点で決着する

延長戦(ゴールデンスコア方式)の流れ

延長戦を行うケース

①	両選手とも得点がないまま試合終了
②	両選手とも同スコアのまま試合終了
③	両選手が同時に「一本」を取る
④	両選手が3回目の「指導」を受ける ※「指導」の差では決着しない

主審が「それまで」を宣告
※試合を一時的に終了させ、選手は開始位置に戻る

ゴールデンスコア方式の延長戦

- 休息時間をとらずに延長戦を開始する
- 時間無制限
- 得点表示板は元の試合の内容をそのまま延長戦に持ち越す

決着方法

①	どちらかの選手が「一本」を取るか、「技あり」を取る ※「抑え込み」が宣告されてから10秒で「技あり」となって勝敗は決るが、そのまま20秒まで継続して「一本」を取ることも認められる
②	どちらかの選手に直接的「反則負け」が与えられる
③	どちらかの選手が累積で3回目の「指導」を受けて「反則負け」となる ※「指導」の差では決着しない

《延長戦(ゴールデンスコア方式)の特別な状況》

- 一方の選手が延長戦(ゴールデンスコア方式)を行うことに同意するも、他方の選手が辞退する場合、延長戦に同意した選手が「棄権勝ち」となる
- 規定の試合時間内で同時「一本」となった場合、その試合の勝敗はゴールデンスコア方式の延長戦によって決定される。延長戦中に同時「一本」となった場合、主審は「待て」を宣告し、それらの技を評価せずに試合を継続させる
- 両選手が同時に3回目の「指導」を受けた結果、同時に累積による「反則負け」となった場合、その試合の勝敗はゴールデンスコア方式の延長戦によって決定される
- 両選手が同時に直接的「反則負け」を受けた場合は、両選手ともその後の一連の試合に出場できない

第2章 08 試合の終了

試合終了後の礼と退場までの流れをしっかり覚えておこう

　主審が「それまで」を宣告して試合が決着したら、両選手は開始位置より一歩前で主審の試合結果の宣告（勝者宣告）を待つことになっている。そして、主審が勝者を宣告したら、両選手は右足から一歩下がって開始位置でお互いに礼を行う。その後、試合の開始の時と反対の流れで試合場を降り、試合場横の定められた安全地帯から退場する。試合終了後の礼は、試合開始の時と同じなのでP36〜39を改めて参照してほしい。

　なお、選手は試合場から退場する時、柔道衣を正しく着用していなければならず、試合場内で柔道衣を脱いだり帯を解いたりしてはいけないことも覚えておこう。

要チェックポイント

- ☑ 主審が「それまで」を宣告したら、両選手は開始位置より一歩前で試合結果の宣告を待つ
- ☑ 主審が勝者を宣告したら、両選手は右足から一歩下がってお互いに礼を行う
- ☑ 試合開始時と反対の流れで試合場を降り、退場する
- ☑ 選手は試合場から退場する時、柔道衣を正しく着用していなければならない

試合終了後の退場までの流れ

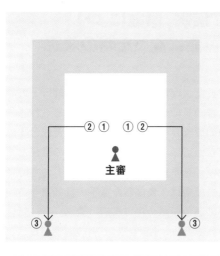

①開始位置より一歩前で試合結果の宣告を待つ、②主審が勝者を宣告したら、右足から一歩下がってお互いに礼を行う、③試合場を降り、試合場横の定められた安全地帯から退場する

豆知識 試合終了と同時に投技が施されたら？

仮に試合終了の合図（ブザーなど）と同時に投技が施された場合は、すべて評価の対象となることを覚えておこう。つまり、その投技が「一本」であれば投げた選手が勝者となり、「技あり」であればスコアとしてカウントされ、それが2回目であれば「技あり、合わせて一本」となる。いずれも、最終判断は審判員が行うことになっている。

シグナル

勝者宣告
「それまで」の宣告の後に、試合の勝者を宣告する時、それまで主審は掌を内側に向け、勝者の方へ、肩の高さより上に片手を挙げて合図する。

第2章 09 負傷、疾病、事故

選手の負傷、疾病、事故により試合続行不可能になった時の決定

　試合中に選手が負傷、疾病、事故のため試合続行不可能となった場合は、審判員の合議により勝敗が決められる。負傷した時は、その原因が負傷した選手自身の責任と認められた場合は負傷した選手が負けとなり、相手の責任と認められた場合は負傷させた選手の負けとなる。どちらの責任とも判断できない場合は、負傷した選手の負けとなる。

　また、どちらかの選手が試合中に疾病(発病)し、試合続行不可能となった場合は、原則として当該選手の負けとなる。なお、脳しんとうなど外的要因(不可抗力)によって起きた事故の場合は、医師の診察結果(継続か否かの報告)を受け、もし続行できない場合は合議のうえで主審が「棄権勝ち」を宣告し、試合を終了する。

要チェックポイント

- ☑ 負傷の原因が、負傷した選手自身の責任と認められた場合は負傷した選手の負けとなり、相手の責任と認められた場合は負傷させた選手の負けとなる
- ☑ どちらの責任とも判断できない場合は、負傷した選手の負けとなる
- ☑ 試合中に疾病(発病)し、試合続行不可能となった場合は当該選手の負けとなる

出血を伴う負傷、軽微な負傷、嘔吐があった場合

　選手に出血を伴う負傷があった場合、主審は試合を中断し、医師を呼んで止血させることができる。ただし、同じ部位の負傷は、医師による手当てを2回まで受けることができるが、3回目の出血の時点で相手選手の「棄権勝ち」となる（主審と副審の合議のうえ）。また、出血が止まらない場合も相手選手の「棄権勝ち」となる。

　脱臼など軽微な負傷があった場合は選手自身で負傷部位の整復が認められているが、同じ部位の3回目の整復となった場合は相手選手の「棄権勝ち」となる。また、選手が試合中に嘔吐した場合も相手選手の「棄権勝ち」となる。

豆知識　医療援助行為が認められるケース

　軽微な負傷や出血の状況によっては、主審の判断によって医師が呼ばれ、場内で手当てを受けることが認められている。たとえば、爪の損傷の場合、医師は爪を切ることを手伝うことができる。また、急所の負傷の調整を手伝うこともできる。出血した場合は、医師が血液凝固剤や止血剤を使用することも認められる。

シグナル

医師の要請
主審が医師を呼ぶ場合、医師に向かって、その方向から負傷した選手へ掌を上に向けて片腕を振る。

国際ルールが頻繁に変わる近年は
新ルールへの対応が怠れない状況

　国際柔道連盟（IJF）が発足してから4年後の1956年に東京で第1回世界選手権が開催された。当時のルールは日本国内で使われていた「講道館柔道試合審判規定」が採用され、それは東京オリンピック（1964年）を経て、1965年にブラジルで開催された第4回世界選手権まで続いていた。しかしその後、1967年に国際柔道連盟が「国際柔道連盟試合審判規定」を制定。同年8月にアメリカで行われた第5回世界選手権から、いわゆる国際ルールが採用されるようになっている。

　以降、日本国内の大会では国際柔道連盟が定める国際ルールと国内ルール（講道館ルール）を使い分けるようになったが、近年は一部を除いたほとんどの大会で国際ルールが採用されている。

　かつて国際柔道連盟は4年に1度、ルールの見直しを行うとしていたが、柔道の世界的普及にともない、近年は頻繁にルールを改正。柔道家と審判員は、その対応を怠ることができない状況となっている。

第3章

禁止事項と罰則

禁止事項と罰則

軽微な違反は「指導」となり 重大な違反は「反則負け」となる

　柔道における禁止事項には軽微な違反と重大な違反があり、軽微な違反を犯した選手には「指導」が与えられ、重大な違反を犯した選手は「反則負け」となる。また、4分間のうちに3回目の「指導」を受けた場合も、その選手は「反則負け」となる。

　なお、「指導」は相手のスコアには反映されないが、ゴールデンスコア方式の延長戦に突入した場合、「指導」の回数は延長戦に持ち越され、得点表示板はそのまま継続される。仮に延長戦で3回目の「指導」を受けた場合は、その時点でその選手は「反則負け」になる。

要 チェックポイント

- ☑ 試合中に軽微な違反を犯した選手には「指導」が与えられる
- ☑ 試合中に重大な違反を犯した選手は「反則負け」となる
- ☑ 3回目の「指導」を受けた場合、その選手は「反則負け」となる
- ☑ 「指導」の差によって試合は決着しない
- ☑ 「指導」の回数はゴールデンスコア方式の延長戦にそのまま持ち越される

「指導」と「反則負け」が与えられた時

どちらかの選手に「指導」が与えられた時、選手はその度に試合開始時の位置には戻らない。ただし、場外に出たことによる「指導」を受けた場合は、試合開始時の位置に戻って再開する。なお、直接的「反則負け」を宣告された時、主審が明らかに深刻と判断した場合は、その選手はその後の一連の試合に出場できないこともある。

シグナル

「消極的指導」

選手が「積極的戦意に欠ける」時、主審は胸の高さで両前腕を前回りに回転させ、人差し指で罰則を与える選手を指差す（その他の「指導」の合図はP107〜124参照）。

シグナル

「指導」および「反則負け」

主審が「指導」および「反則」の罰則を示す場合、握りこぶしから人差し指を伸ばして、罰則を与える選手を指差す。反則負けの時は、「反則負け」「それまで」と宣言し、終了する。

第3章 01 指導の例（軽微な違反）

軽微な違反を犯した時に受ける「指導」の具体例を覚えよう

　ここからは、試合中に軽微な違反を犯した時に与えられる「指導」について、具体的な例を紹介する。

　それぞれ写真とともに紹介しているので、しっかり覚えておこう。

故意に組まない

攻撃されることを防ぐため故意に組まないと「指導」になる

極端な防御姿勢をとる

立ち姿勢で組んだ後、極端な防御姿勢をとると「指導」になる

防御のために相手の袖口を握り続ける

立ち姿勢において、防御のために相手の袖口を握り続ける、または捻り絞って握り続けて組ませないと「指導」になる

偽装攻撃

攻撃しているような印象を与えるものの、明らかに相手を投げる意思のない攻撃を行った場合は「指導」になる（偽装攻撃）

偽装攻撃の定義

①	取が投げる意思のない技を施す
②	取が、組んでない状態で技を施す。もしくは技を施してすぐに手を離す
③	取が、受のバランスを崩すことなく、1つの技、もしくは技を繰り返し施す
④	取が、攻撃されるのを防ぐために、受の脚の間に自分の脚を入れる（絡める）

両手の指を組み合わす姿勢を続ける

立ち姿勢において、攻撃されることを避けるために、相手と片手または両手の指を組み合わす姿勢を続けると「指導」になる

相手の手首もしくは腕を持つ

組み手や攻撃を避ける目的だけのために、相手の手首もしくは腕を持つと「指導」になる

故意に柔道衣を乱す

故意に自分または相手の柔道衣を乱す、および主審の許可なしに帯や下穿の紐をほどいたり、締め直したりすると「指導」になる

投げる意思なく相手を寝技に引き込む

「寝技への移行（P40〜43）」以外のかたちで相手を寝技に引き込むと「指導」になる

裾口に指を差し入れる

相手の袖口または下穿の裾口に指を差し入れると「指導」になる

積極的戦意の欠如

立ち姿勢で組み手の前後で何の攻撃動作もとらないと「指導」になる

「標準的」組み方以外の組み方をする

立ち姿勢において、攻撃をしないで標準的組み方以外の組み方をすると「指導」になる。写真は片方の襟を持って組んでいるケース

相手の右の袖を両手で握って組んでいるケース

相手の背中をつかんで組んでいるケース

標準的な組み方

相四つ（写真）で組むか、ケンカ四つで組むのが標準的な組み方とされる

ピストルグリップ

親指と四指の間で相手の袖口を握ると「指導」になる(ピストルグリップ)

ポケットグリップ

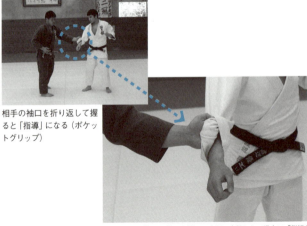

相手の袖口を折り返して握ると「指導」になる(ポケットグリップ)

※「ピストルグリップ」と「ポケットグリップ」は、袖口を握り、直ちに攻撃しない場合に「指導」が与えられる

帯の端や上衣の裾を巻きつける

帯の端や上衣の裾を、相手の身体に巻きつけると「指導」になる

「指導」ではないケース

この場合、相手の身体に裾を一周巻きつけていないので「指導」ではない

ベアハグ

投げるために相手に抱きつく行為をベアハグと言い、両手同時にベアハグで組むと「指導」になる（柔道衣に触れただけでは組んでいるとは見なされない）

「指導」ではないケース

取か受のどちらかの選手が、少なくとも片方の腕で組んでいる時は、取、受のどちらも相手を投げるために抱きつくことが可能で、その行為は「指導」とはならない

ダブルポイントの例

青（右）がベアハグを施した後に、白（左）が青を投げて「技あり」を獲得した場合、白に「技あり」のスコアが加えられたうえで、青への「指導」が与えられる

柔道衣を口にくわえる

柔道衣を口にくわえると「指導」になる(自分のものでも相手のものでも)

帯や襟に足をかける

相手の襟に足(または脚)をかけると「指導」になる

相手の帯に足(または脚)をかけると「指導」になる

相手の顔面に手や脚をかける

相手の顔面に直接手または腕、脚または足をかけると「指導」になる

「指導」ではないケース

腕挫十字固で相手の顔に脚が直接かかる場合は「指導」にならない

指で絞技を施す

直接自分の指を使って絞技を施すと「指導」になる

上衣の裾で絞技を施す

自分や相手の帯または上衣の裾を使って絞技を施すと「指導」になる

故意に相手を場外に押し出す

立ち姿勢、寝技のいずれにおいても、場外に出るか、相手を故意に場外に押し出すと「指導」になる(この場合、青の「指導」になる)

片足が場外で、直ちに技を施さない

片足が試合場の外にある時、直ちに攻撃しない、もしくは直ちに場内に戻らない場合は「指導」になる

直ちに試合場内に戻らない

写真のように、場外を横に移動するなど、両足が場外に出た状態で試合場内に直ちに戻らない場合は「指導」になる

自ら場外に出る

自ら後方に下がって、両足が場外に出た場合は「指導」になる(この場合、青の「指導」になる)

相手の頸（首）を脚で挟んで絞める

相手の胴（胴絞）、頸、頭を、両足を交差し、両脚を伸ばして挟んで絞めると「指導」になる

「指導」ではないケース

写真のように、相手の腕が自分の両脚の間にある場合は、両脚を伸ばして挟んで絞めても「指導」にはならない

脚を使って組手を切る

脚(足)を使って組手を切る、または技を施すことなく相手の脚(足)を蹴ると「指導」になる

基本知識

競技方法

禁止事項と罰則

審判員の動作

柔道の技

相手の指を逆にとる

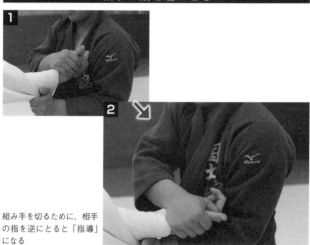

組み手を切るために、相手の指を逆にとると「指導」になる

組ませないために自分の襟を覆う

相手に組ませないために自分の襟を覆うと「指導」になる

組み手を両手で切る

両手を使って組み手を切ると「指導」になる

ベンディグポジション

両腕で相手を屈ませるような状態にさせ、直ちに攻撃しない場合、ブロックをしている行為として「指導」になる(ベンディグポジション)

相手の手をブロックし続ける

相手に組ませないために、相手の手をブロックし続けると「指導」になる

手を叩いて組手を切る

相手の腕や手を叩いて組手を切った場合は「指導」になる

基本知識

競技方法

禁止事項と罰則

審判員の動作

柔道の技

脚を巻きつけて直ちに攻撃しない

脚を巻きつける行為は、直ちに攻撃しない場合は「指導」になる

立ち姿勢で関節技を施す

両選手が立ち姿勢の状態で、関節技を施すと「指導」になる

脚取り、または下穿をつかむ

下穿をつかむ行為は「指導」になる

立ち姿勢において、手や腕を使って相手の帯から下を攻撃、または防御すると「指導」になる

下半身への攻撃および防御は「指導」になる。なお、脚取り「指導」2回での「反則負け」のルールは廃止された

反則負けの例（重大な違反）

重大な違反を犯した時に受ける直接的「反則負け」の具体例

　ここからは、試合中に重大な違反を犯した時に与えられる直接的「反則負け」について、具体例を紹介する。
　それぞれ写真とともに紹介しているので、しっかり覚えておこう。

河津掛を試みる

試合において、河津掛を試みた場合は「反則負け」になる

写真のように両選手が並び、河津掛のかたちで相手の脚に絡め、同体で（一緒に）後方へ倒れることは危険なので禁止されており、「反則負け」となる

「反則負け」にならないケース

写真は「大内刈」をかけているので、この場合は「反則負け」にはならない

ひじ関節以外の関節をとる

相手の手首の間接をとった場合は「反則負け」になる

相手の脚首の間接をとった場合は「反則負け」になる

相手を引き上げて突き落とす

背を畳につけている相手を引き上げ、その後に相手をそのまま畳に突き落とした場合は「反則負け」になる

基本知識

競技方法

禁止事項と罰則

審判員の動作

柔道の技

払腰などをかけた時に相手の脚を内側から刈る

相手が払腰などをかけた時、相手の支えている脚を内側から刈った場合は「反則負け」になる

肩車をかけながら後方に倒れる

立ち姿勢またはひざを着いた姿勢から、肩車のような技をかけながら、あるいはかけようとしながら、まっすぐ後方に倒れると「反則負け」になる（写真は後方に倒れた後のシーン）

技をかけながら頭から畳に突っ込む

内股、払腰などの技をかけながら、身体を前方へ低く曲げ、頭から畳に突っ込んだ場合は「反則負け」になる

腕挫腋固をかけて畳の上に倒れる

腕挫腋固のような技をかけるか、またはかけようとしながら畳の上に直接倒れた場合は「反則負け」になる

その他「反則負け」となるケース

①	主審の指示に従わない
②	試合中に、無意味な発声や、相手や審判員の人格を無視するような言動を行う
③	特に頸や脊椎・脊髄など、相手を傷つけたり危害を及ぼしたり、あるいは柔道精神に反するような動作をする
④	硬い物質または金属の物質を身に付けている（覆っていても、いなくても）
⑤	柔道精神に反する行為があった場合は、試合時間のいかなるときにでも直接的な「反則負け」が与えられる

写真：Flicker upload bot CC-BY-2.0

全日本柔道連盟
公認審判員資格

柔道の試合で主審や副審など審判員を務めるためには、全日本柔道連盟が公認する審判員資格を取得しておく必要がある。ここでは、日本国内において全日本柔道連盟が認定する各ライセンスの資格内容、受験資格および方法などを紹介するので、下の表で確認してほしい。

公認審判員資格の内容と試験方法

		Sライセンス	Aライセンス	Bライセンス	Cライセンス
資格内容		特に技能が優秀であり、全柔連が主催、主管する全国的大会の審判員となる資格を有する者	全柔連が主催、主管する全国的大会の審判員となる資格を有する者	地区柔道連盟(連合会・協会)が主催、主管する大会の審判員となる資格を有する者	都道府県柔道連盟(協会)およびその加盟団体が主催、主管する大会の審判員となる資格を有する者
受験資格	年齢(※)	30歳以上満58歳まで	28歳以上満55歳まで	25歳以上	20歳以上
	柔道経験	15年以上 5段以上 (女子3段以上)	15年以上 5段以上 (女子3段以上)	12年以上 4段以上 (女子3段以上)	有段者
	審判経験	「A」取得者の中から選考する	「B」取得後3年以上の審判経験を有し、その者が全柔連登録した都道府県より推薦を受けた者とする	「C」取得後2年以上の審判経験を有し、その者が全柔連登録した都道府県より推薦を受けた者とする	都道府県において全柔連登録し、かつ講習会に出席し、許可された者とする
試験方法		全柔連審判委員会選考審査部会において審議・選考する 全柔連審判委員会選考審査部会で定める対象大会において審査する	全柔連審判委員会選考審査部会から指名された試験官3名以上がこれにあたる。試験官は審判委員会委員、Sライセンス審判員の中から指名される。地区以上が主催する大会において審査する。受験回数は年1回とする	地区柔道連盟(連合会・協会)から選ばれた審査員3名以上がこれにあたる 地区柔道連盟(連合会・協会)が主催する講習会に出席し、その主催する大会において審査する	都道府県における講習会等に出席し、その地域において審査する
試験内容		実技審査	筆記および実技審査		

※年齢は試験当日の年齢とする

(平成29年4月1日改正時)

第4章

審判員の動作（ジェスチャー）

試合場への入退場時の礼

審判員が試合場へ入場および退場する時は、礼を行う

試合前の立ち姿勢

試合場内に入った後、主審は試合開始位置から2m後方に立つ

選手を試合場へ招き入れる

両選手が試合場内のふちに進んだ後、主審は両選手に試合開始位置に進むよう合図する

一本

主審は「一本」と判断した時、片腕を頭上高くに伸ばし、掌を前に向けて挙げる

技あり

主審は「技あり」と判断した時、片腕を身体の側方で、肩の高さに掌を下に向けて挙げる

技あり、合わせて一本

「技あり、合せて一本」の時、主審は最初に「技あり」の合図（①）をしてから②の位置に手を下げ、その後「一本」の合図（③）をする

抑え込み

「抑え込み」の時、主審は選手に向かって上体を曲げ、選手の方へ掌を下に向けて片腕を挙げる

解けた

「解けた」の時、主審は片腕を前方に挙げ、上体を選手の方に曲げながら左右に早く2、3回振る

待て

正面

横向き

「待て」の時、主審は片手を肩の高さに畳とほぼ平行に挙げ、指を上にして開いた掌を時計係に向けて示す

そのまま⇔よし

主審は「そのまま」の時、上体を前方に曲げ、両掌で両選手に触れる。「よし」の時、両掌を両選手に触れて、その後強く押す

柔道衣を直させる

主審は、選手に柔道衣を直させる場合、帯の高さで掌を内側に向けて、左手を上にして交差させる

宣告の取り消し

宣告したスコアを取り消す場合、主審は一方の手で宣告したスコアと同じ合図を行い、もう一方の手を頭上前方に挙げ左右に2、3回振る（写真は「技あり」の取り消し）

スコアなし

技の効果を認めない時、主審は一方の手を頭上前方に挙げ左右に2、3回振る

始め⇔それまで

「始め」
「それまで」

主審は、「始め」を知らせる時、「それまで」を知らせる時、それぞれ発声によって合図する

勝者宣告

試合の勝者を示す場合、主審は掌を内側に向けて勝者の方へ、肩の高さより上に片手を挙げる

指導、反則負けを与える

罰則（指導、反則負け）を示す場合、主審は握りこぶしから人差し指を伸ばし、罰則を与える選手の方を指差す

消極的指導

消極的指導を与える時、主審は胸の高さで両前腕を前回りに回転させた後、人差し指で罰則を与える選手の方を指差す

偽装攻撃の指導

偽装攻撃の指導を与える時、主審は手を握って両腕を前方に挙げ、その後両手を下げる

医師の要請

主審が医師を呼ぶ場合、医師に向かってその方向から負傷した試合者へ掌を上に向けて片腕を振る

ペンディングポディションの指導

ペンディングポディションに対する指導を与える時、主審は手を握り、両腕を前方に構える

両手をブロックしている時の指導

両手をブロックしている選手に指導を与える時、主審は手を握り、手の甲を内側にして両手を前に下げる（この指導は、標準的でない組み方に対する指導の一例）

クロスブリップ、片襟の指導

クロスブリップ（片襟）に対する指導を与える時、主審は両腕を前に挙げ、相手の同側の襟を握るような動作をする

襟隠しの指導

襟隠しの指導を与える時、主審は片手で自分の襟を握るような動作をする

場外指導

場外指導を与える時、主審は人差し指を伸ばし、2、3回手を振る

立つことを促す

選手に立つことを促す時、主審は掌を上にして、手を2、3回上下させる

ピストルグリップへの指導

ピストルグリップへの指導を与える時、主審は片方の手を握り、袖の下につけてピストルグリップのような動作をする

下半身への攻撃・防御の指導

下半身への攻撃・防御の指導を与える時、主審は片方の腕を伸ばし、脚を取るような動作をする

合議の要請

主審が副審に合議の要請を行う時、両ひじを曲げて指を上にし、掌を内側に向ける

場内（副審）

副審が場内と認める場合、片手を伸ばして上に挙げた後、ほぼ肩の高さまで下ろして停止させる

場外（副審）

副審が場外と認める場合、片手を伸ばし、ほぼ肩の高さにしたまま水平方向に2、3回振る

主審の意見取り消し・技の効果なし（副審）

副審が主審の判定を適当と認めない場合、片手を伸ばして上方に高く挙げ、左右に2、3回振る

寝技における「待て」（副審）

寝技において、副審が主審に「待て」の宣告を求める時、掌を上に向けて両手を2、3回上下させる

合議の要求（副審）

副審が主審に合議を要求する場合、副審はその場で立ち上がって主審に知らせる

《審判員の動作について》

ここでは、主審および副審の動作（ジェスチャー）の中から主なものを紹介している。基本的には国際柔道連盟（IJF）の公式ルールに沿った動作を掲載しているが、審判員の動作についてはこれら以外にも日本国内で慣例となっている動作もあるので、注意してほしい。

第5章

柔道技辞典86

参考資料:「ホームメイト 柔道チャンネル」(http://www.judo-ch.jp/) 内「柔道技解説」

1 背負投（せおいなげ）

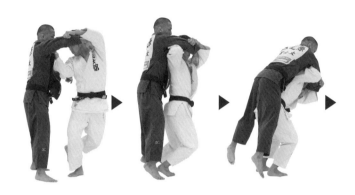

2 体落（たいおとし）

投技 ≫ 手技

代表的な投技で、「柔よく剛を制す」が代名詞とされる豪快かつ芸術的な手技。相手を背負って、自分の肩越しに投げる。男女、階級を問わず、実戦でよく使われ、軽量級の試合で特に多い。比較的身体の小さい日本人選手が海外の大型選手に勝つためには有効とされる

投技 ≫ 手技

手技の基本の1つ。釣り手の使い方と足さばきがポイント。相手を右前隅に崩し、自分の身体の脇から斜めに相手を落とす。背負落とよく似ており、片足を外側に出し、それを支点にして相手を倒す技。軽快な動作がポイントとなるため、やや小柄な選手同士の試合でよく見られる

3　肩車（かたぐるま）

4　浮落（うきおとし）

投技≫手技

シンプルでダイナミックな手技。相手を担いで、肩の上で転がすようにして反対側に投げ落とす。近年になって流行の兆しを見せている手技であり、体格の大小を問わないことに加えて、覚えるのが比較的簡単であることから、試合で頻繁に使われている

投技≫手技

相手の体重移動の瞬間を狙ってかける手技。相手が踏み出そうとする瞬間に、引き落として投げる。なお、ひざを着けて相手を崩す場合、自分の腰をかかとまで落とすと効果がなくなってしまうので、正しい姿勢で技を施すことがポイントになる

5 隅落（すみおとし）

6 帯落（おびおとし）

投技 ≫ 手技

別名、空気投げ。技のかけ始めは、浮落と同じようなイメージで、相手が後退させた足を踏み出す瞬間を狙って、引いて投げる。一見、手先だけで倒すように見えるが、微妙な身体さばきによって相手の重心を崩し、その力を利用して投げるため、身体全体の使い方が重要になる

投技 ≫ 手技

帯をつかんで投げる手技で、自分の足を支点にし、相手を後方に投げる。前帯を取る時は自分に近い方を取り、しっかりと引き寄せて自分の身体に相手を密着させると、力を有効に使うことができる。支点となる足と釣り手を連動させて、相手を回転させるように投げる

7 背負落（せおいおとし）

8 山嵐（やまあらし）

投技≫手技

背負投を少し変化させた手技。背負投の要領で相手を背負って投げるが、投げる際に体落の足さばきと似た動きをして投げる。身体が小さい選手でもかけやすい技であり、背負投より動作は簡単。そのため、背負投の前に習得すると、背負投の習得がむずかしくなる場合がある

投技≫手技

背負投と払腰を合わせたようなかたちで投げる立技。片側の襟と袖を取り、背負うようにしながら足を払って投げる。小説『姿三四郎』の著者でもある富田常雄氏の著書『柔道創世記』の中で紹介されている技で、一時は講道館の手技から除外された時期もあったが、近年復活した

9 内股すかし（うちまたすかし）

10 小内返（こうちがえし）

投技 ≫ 手技

内股の返し技。相手に内股をかけさせておいて、瞬時にそれをかわして反撃する。それほど頻繁に使われる技ではないが、カンの良い選手や反射神経が鋭い選手にとっては、得意としやすい技でもある

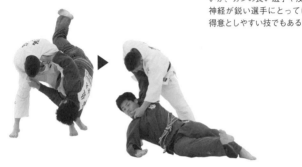

投技 ≫ 手技

小内刈の返し技。小内刈を仕掛けられた時、相手の出した足に自分の足をかけ、相手を投げる。後ろ足先を支えにして、前足裏にかけた相手の足を支点にしながら、回転するように投げるのがポイントになる

11　一本背負投（いっぽんせおいなげ）

12　浮腰（うきごし）

投技≫手技

柔道技の基本とされ、背負投を変化させた技。相手の片腕をつかみ、背負って投げる。試合でよく使われ、投げ方のバリエーションも多い。相手が引き手を嫌って組ませてくれない時は、引き手で襟を握った状態からかけ始める場合もある

投技≫腰技

腰の回転で投げる腰技。片方の腕で、相手の後ろ帯の上から抱え込み、腰の回転で一気に投げる。ひざのバネ、腰の回転、腕の力を利用してタイミング良く投げるが、投げる時に相手から身体を離すと逃げられてしまうので、常に身体を密着させておくことがポイント

13　大腰（おおごし）

14　腰車（こしぐるま）

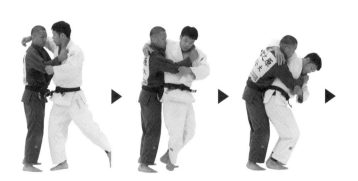

腰技の基本。自分の腰に相手を乗せ、一気に投げる。試合では、相対して施すより、横から前へ踏み出して腰を入れて投げることが多い。ケンカ四つでお互いの距離が遠く、攻め手がなくなった時に有効とされる。どの階級においても基本技としてよく使われる

投技≫腰技

腰の上で回転させて投げる技。首の後ろを抱きかかえるようにしながら後腰に乗せ、回転するように相手を投げる。相手の身体と自分の身体が十字になるくらい腰を深く入れ、ひざのバネによって跳ね上げる力と、相手の首を巻き込む力を利用し、相手の身体を回転させて投げるのがポイント

15 釣込腰（つりこみごし）

16 払腰（はらいごし）

投技 ≫ 腰技

相手を釣り上げて投げる腰技で、釣り手を効かせて腰の回転を利用して投げる。背負投は腰と背中全体に乗せるが、釣込腰は腰を深く入れると相手の抵抗が強くなるので、腰を浅く入れ、投げる回転を速くする。釣り手を相手の脇の下に入れて釣り上げる方法もある

投技 ≫ 腰技

足を払って投げる腰技。相手の重心を前に崩して、足を払って一気に投げる。男女階級を問わず、試合でよく使われる技で、軽量級の選手はスピードを活かして、重量級の選手はパワーを活かして、それぞれ技を施すことができるのが特徴

17　釣腰（つりごし）

18　跳腰（はねごし）

投技 ≫ 腰技

浮腰に似ている腰技で、後ろ帯を握って相手の腰を釣り上げて投げる。投げに入る際は釣り手で後ろ帯を釣り上げながら投げるが、最後は帯を離して引き手に添える。釣腰には相手の脇の下から後ろ帯を取る方法と、相手の肩の上から腕を回して後ろ帯を取る方法がある

投技 ≫ 腰技

内股に似た腰技で、相手を腰と足に乗せて一気に投げる。かける際はケンカ四つの方がかけやすく、釣り手を釣り上げ、引き手を手前にしっかりと引き出す。現在は内股が主流なので試合で使われることが少ないが、内股が苦手な選手には跳腰のほうが習得しやすいとされる

19 移腰（うつりごし）

20 後腰（うしろごし）

投技 ≫ 腰技

俊敏な身体さばきがポイントとなる腰技で、相手が腰技をかけてきた時の返し技。相手が体勢を立て直そうとする瞬間を利用し、相手の重心を前に崩して、抱き上げるようにしながら自分の腰に移し乗せ、前方向に投げる。投げる時はひざのバネを効かせる

投技 ≫ 腰技

返し技の1つで、相手を抱き上げ、お腹を突き出すようにして投げる腰技。相手が身体をひねって背中を向け、腰に乗せようとした時に仕掛ける。腰を落として身体を相手に密着させることと、相手をしっかり抱いて両ひざのバネを効かせて持ち上げることがポイント

21 袖釣込腰（そでつりこみごし）

22 出足払（であしはらい）

投技≫腰技

相手の釣り手を釣り上げ、相手を背負うような格好で腰に乗せて一気に前に投げる腰技。普通の技と違い、この技は釣り手と引き手の作用が逆になり、引き手で相手を釣り上げる。相手の釣り手を釣り上げるには相当な力が必要なので、力のある選手に適している

投技≫足技

相手の足を払って一気に横に倒す。自然体から一度相手を追い込み、相手が下がって足を浮かせたところを狙ってその足を払う。足さばきが器用な選手や軽量級の選手が得意とする傾向がある。技が決まらなくても相手がバランスを崩すので連絡技につなげやすい

23　膝車（ひざぐるま）

24　支釣込足（ささえつりこみあし）

投技≫足技

支釣込足と同じように、釣り手と足を使って、足手を180度回転させるようにして一気に投げる足技。支釣込足と異なっているのは、支釣込足が相手の足首に自分の足裏をあてるのに対し、膝車はひざ下あたりにあてる点。手足の長い選手が多い欧米ではこの技を得意とする選手が多い

投技≫足技

釣り手と足を使って、足手を180度回転させるようにしながら一気に投げる。この技を決めることができなくても、相手のバランスを大きく崩すことができるため、試合では大外刈などをかける際のフェイントとして使われるケースも多い

25　大外刈（おおそとがり）

26　大内刈（おおうちがり）

投技 ≫ 足技

引き手を効かせて相手の重心を崩し、鎌で草を刈るように払って倒す足技。重心が傾いた瞬間を見計らって、刈足を振り上げ、相手の足を後ろに向かって一気に刈り上げる。柔道の代表的な技のひとつ

投技 ≫ 足技

相手の懐に入って内側から足を刈り、後ろ側へ倒す。足の刈り方には2パターンあり、半円を描くように刈足を動かして相手の足を開いて崩すパターンと、足をかけてそのままケンケンしながら後方に追って刈るパターンがある。懐に入り込む動きがポイントとなる柔道の代表的投技

27 小外刈（こそとがり）

28 小内刈（こうちがり）

投技≫足技

相手を追い込み、身体の後ろ側から足をすくって倒す。小外刈で足を刈る場合、相手のひざ裏を自分の内股に乗せるようにして重心を崩すパターンと、かかとをすくって倒すパターンがある。連続して、またはフェイントをかけて仕掛けるため試合で有効な足技

投技≫足技

鋭い動きで相手を倒す基本の足技。相手のかかとのあたりをすくうように刈って倒す。踏み出してかける場合と、後退しながらかける場合がある。小柄な選手に有利とされる小内刈のバリエーションとして、「捨身小内（すてみこうち）」と呼ばれる技もある

29　送足払（おくりあしはらい）

30　内股（うちまた）

投技 ≫ 足技

組み合った相手の横への動きに合わせて足を払う。タイミングに合わせ、スピードをうまく利用できれば、少しの力でも相手をダイナミックに投げられる。実力的に弱い選手が強い選手を倒すケースも多く、番狂わせを起こしやすい技とも言われている

投技 ≫ 足技

相手を斜め前に崩し、太ももの裏側を使って相手を投げる。試合で一本になりやすい内股はバリエーションが多い。相手を追い込んでかける、片足ケンケンでかけるなど、いろいろなパターンがあり、選手のセンスによって使い分けられている

31 小外掛（こそとがけ）

32 足車（あしぐるま）

投技≫足技

相手を追い込み、身体の後ろ側に足をかけて倒す。一度相手を追い込み、後退させた後、再び引いて相手が踏み出そうとする瞬間を狙って技をかける。小外刈よりもやや深く入って、こすり上げ気味にかけ倒す。瞬間的な足の運びがポイントになる足技

投技≫足技

一旦追い込まれた相手が進み出てくるタイミングに合わせ、引き手を効かせて相手の身体を引き寄せながら身体をひねり、片方の足を斜めに出して相手の脚の低い位置にあて、引き手の方向へ相手の重心を崩して大きく回すように投げる。両手と身体の回転を利用して相手を振り投げる足技

33 払釣込足（はらいつりこみあし）

34 大車（おおぐるま）

投技 ≫ 足技

相手を釣り込んで崩し、足を払って倒す足技。釣り手で中襟、引き手で中袖という組み手から始めるが、相手が中袖を取らせない時は、両方とも中襟を取ってもかまわない。その場合、左右どちらにでも展開できる利点があるが、相手の両手が自由になるので気をつける必要がある

投技 ≫ 足技

足の払いで相手を回転させて投げる。大車は払腰や足車とよく似た技で、払腰と異なるのは、相手の上体と自分の間に空間がある点、払う足を跳ね上げない点、払う足先が畳に着いていない点にある。また、足車との違いは差し出す足の高さが大車のほうが高い

35 大外車（おおそとぐるま）

36 大外落（おおそとおとし）

投技 ≫ 足技

大外刈とよく似た豪快な足技で、大外刈のように相手を後ろへ崩し、両足を刈って倒す。大外車は、両足を後方から刈ることになるため、相手が頭を畳で強打しないよう、投げる時も引き手を十分効かせることが大切になる

投技 ≫ 足技

大外刈とよく似た足技で、大外刈のように相手を後ろへ崩し、足を支点に相手を倒す。大外刈は片足を、大外車は両足を、振り上げた足で勢いよく刈るが、大外落の場合は相手のもも裏からふくらはぎをこするように下ろして畳に着け、その足を支点にして相手を後方真下へ浴びせ倒す

37 燕返（つばめがえし）

38 大外返（おおそとがえし）

投技 ≫ 足技

相手が足技系の技をかけてきた時に、払いにきた足をかわして払い返す足技。相手が出足払などで払いにくる瞬間に、すばやくかわす俊敏さが必要とされ、かわした次の瞬間にその足で相手の足を払う。うまく決めることができれば、技ありのスコアがつく場合が多い

投技 ≫ 足技

大外刈に対する返し技で、相手がこちらを十分に崩し切れないまま、足だけで強引に大外刈をかけてきた時に、逆に大外刈をかける。相手が大外刈をかけるために足を振り上げて刈ろうとした時に仕掛ける。相手の軸足が十分に踏み込めておらず、不安定な時が狙い目となる

39 大内返（おおうちがえし）

40 跳腰返（はねごしがえし）

投技 ≫ 足技

大内刈の返し技で、重心を十分に崩していない、お互いに胸を合わせないといった中途半端な大内刈を相手が仕掛けてきた時にかける技。足を払うと同時に、身体をひねりながら引き手で相手を後方に引き、釣り手で後方に押し込むように連携させることがポイント

投技 ≫ 足技

跳腰の返し技で、跳腰を仕掛けられた時、逆に足を刈って倒す。刈足は、相手のひざからすね側面にあて、外側から内側に向かって蹴り出すように払う。跳腰を確実に返すためには、下半身を安定させ、瞬時にタイミングを判断する力が必要になる

41 払腰返（はらいごしがえし）

42 内股返（うちまたがえし）

投技 ≫ 足技

払腰の返し技で、払腰を仕掛けられた時に、逆に足を払って落とす。刈る時は、相手のひざからすね側面に自分のふくらはぎをあて、外側から内側に向かって蹴り出すように払う

投技 ≫ 足技

内股の返し技。内股を仕掛けられた時に、逆に相手の足を刈って倒す。相手が内股を仕掛けようと片足立ちになった時が狙い目。内股は試合でよく使われる技の1つなので、返し技の習得は重要

43 巴投（ともえなげ）

44 隅返（すみがえし）

投技 ≫ 真捨身技

相手の下にもぐり込み、蹴り投げる真捨身技。相手の太ももの付け根あたりに足の裏をあて、しっかりと曲げたひざのバネを利用して相手を蹴り上げるように投げる。真後ろに投げるパターンと横に移動しながらそのまま横に投げるパターンがあり、試合では横投げが主流

投技 ≫ 真捨身技

相手を前に崩し、相手の股間に足を入れて後ろに投げる。試合では、お互いに引き手をとらず、半身の体勢から相手が強引に引き手を取りにきた瞬間に、相手の下にもぐり込むパターンが多い。動きながらかける真捨身技の1つ

45 　裏投（うらなげ）

46 　引込返（ひきこみがえし）

投技 ≫ 真捨身技

相手を背後から抱え、自分の後ろ側に投げる真捨身技。試合では、正面から強引に裏投をかけるケースも見られる。この場合、ひざを曲げて身体を低くし、相手の懐へ入るような格好で相手を抱きかかる。裏投は、男女や階級を問わず、試合でよく使われる

投技 ≫ 真捨身技

巴投のように頭越しに投げる真捨身技で、相手を引き込んで後方に投げる。前のめりになる相手を巻き込みながら、自分はそのまま後方に転がるようにして、相手を後方に投げる。投げる時は、片足の表側で相手の太ももを跳ね上げるようにして頭越しに投げる

47　俵返（たわらがえし）

48　横落（よこおとし）

投技 ≫ 真捨身技

俵を後方に投げるように相手を投げる真捨身技。俵返は、双手刈を仕掛けられそうになった時に、返し技としてよく使われる。動作は引込返と似ているが、引込返は足の力を連動させながら投げるのに対し、俵返は足を使わない

投技 ≫ 横捨身技

滑り込みながら投げる横捨身技で、相手の横に滑り込むようにして相手の重心を崩し、そのまま自分の身体を捨て、相手を横に投げ落とす。横落は、お互いが自護体の姿勢で組んだ時によく使われる

49　谷落（たにおとし）

50　跳巻込（はねまきこみ）

投技 ≫ 横捨身技

不意をついて仕掛ける横捨身技で、足をすくって倒し、後ろへ投げ落とす。横落と似ているが、横落は正面から仕掛けて相手を横に投げ落とすのに対し、谷落は真横から仕掛けて相手を後ろ隅へ投げ落とすという違いがある

投技 ≫ 横捨身技

跳腰からの流れ技で、跳腰で投げる時に身体を捨てながら巻き込む横捨身技。相手に跳腰をかけ、放り出した相手の身体の回転が十分ではないと感じた時にこの技へ変化させる。相手が自分の背後にあるため、技が決まらなかった場合を考え投げた後も警戒する

51 外巻込（そとまきこみ）

52 浮技（うきわざ）

投技 ≫ 横捨身技

腰と背中で巻き込む横捨身技で、相手を腰から背中にかけて乗せ、巻き込んで投げる。相手の上体を捉える場合は、相手を引き手でしっかり引き寄せて密着させ、釣り手は離して相手の頭上から大きく回し、相手の腕を脇の下に挟み込むようにして極める

投技 ≫ 横捨身技

相手が踏み出した瞬間を狙って、重心を崩し、身体を捨てながら豪快に投げる横捨身技。自然体に組んだ後、一度大きく相手を後方へ追い込み、相手に追い込まれたという危機感を与えて、相手が回避するために強く踏み出す瞬間を狙って技を仕掛ける

53　横分（よこわかれ）

54　横車（よこぐるま）

投技 ≫ 横捨身技

自分の身体を横に捨てながら両足を滑り込ませ、身体を鋭くひねり、ダイナミックに投げる横捨身技。一旦、相手を後ろへ崩し、逆に攻めるよう誘い、相手が踏み出してきた時が技をかけるチャンス。投げた後は自分と相手の身体がほぼ直角になる。身体さばきがポイント

投技 ≫ 横捨身技

相手が技を仕掛けてきた時に前に回り込み、自分の足をかけて相手を車のように回転させて投げる横捨身技。相手がこちらを引いて前隅に崩し、腰から背中に背負うようにこちらを引き寄せて密着させて技をかけようとした時が横車を仕掛けるチャンスになる

55　横掛（よこがけ）

56　抱分（だきわかれ）

投技 ≫ 横捨身技

重心のかかった足を横から払い上げ、自分の身体を捨てて倒す横捨身技で、ケンカ四つの組み手でよく用いられる。一度相手を追い込み、追い込まれた相手が攻撃に転じようと足を踏み出し、こちらを背負うように背中を向けてきた時が仕掛けるチャンスになる

投技 ≫ 横捨身技

相手が背負投を仕掛けてきた時、または四つん這いになって逃れようとしている時に背後から抱きかかえるようにして投げる。一度抱き合うような体勢をとった後、投げて左右に分かれることから「抱分」と呼ばれている

57 内巻込（うちまきこみ）

58 大外巻込（おおそとまきこみ）

投技 ≫ 横捨身技

一本背負投に似た横捨身技で、一本背負投のように相手の片腕を背負い、自分の身体を捨てながら相手を回転させて投げる。一度相手を追い込み、続いて相手が踏み出してくるタイミングなどを狙って技をかける

投技 ≫ 横捨身技

大外刈からの変化技で、大外刈をかけて相手を巻き込むように倒す。大外巻込は、相手を完全に崩せないまま大外刈をかけてしまった時に、止めを差す形で連続して使うケースが多い。組み手は、釣り手で相手の鎖骨のあたり、引き手でひじの下あたりを握る

59 内股巻込（うちまたまきこみ）

60 払巻込（はらいまきこみ）

投技 ≫ 横捨身技

内股をかけて、相手を巻き込むように倒す。内股の動作の後、十分に相手を崩せずうまく投げられないと判断した場合に、即座に内股巻込に切り替え、相手の身体を巻き込むように身体を浴びせ込む。自分の身体を相手に預け、その重さを利用して相手の背中を畳につけるように倒す

投技 ≫ 横捨身技

払腰から派生した捨身技で、払腰をかけ、相手を巻き込むように倒す。筋力のある選手に対しては力任せだけでは防がれてしまうため、攻め技として使うより、払腰のオプション的に逃げ技として使える

61 崩袈裟固（くずれけさがため） 固技≫抑込技

袈裟固の変化技で、正式な袈裟固以外のものを指し、さまざまなタイプがある。別パターンとしては、相手の脇に自分の腕を差し入れ、もう片方の脇で相手の腕を挟み込み、しっかりとロックして相手が腕を使えないような状態にして抑え込む方法もある

62 肩固（かたがため） 固技≫抑込技

片腕と首を抑え込む抑込技で、片腕と首を一度に抱きかかえるようにして抑える。試合では、相手が下でブリッジをして逃れようとする場合、縦四方固に持ち込む攻め方が使われることがある

63 上四方固（かみしほうがため） 固技≫抑込技

最も頻繁に使われる寝技の1つで、仰向けになった相手の頭側から自分の両腕と身体を使って抑え込む。両手を突き上げ、身体をずらしながら、ひねってうつ伏せになる逃れ方があるため、脇をしっかりと締め、相手の腕が自由にならないようロックしておく

64 崩上四方固（くずれかみしほうがため） 固技≫抑込技

上四方固の変化技で、正式な上四方固以外のものを崩上四方固と呼んでいる。崩上四方固は、自分のお腹で相手の顔に覆い被さるような体勢ばかりでなく、右肩寄りになるなど試合の状況に応じて使い分けられる

65 横四方固（よこしほうがため） 固技≫抑込技

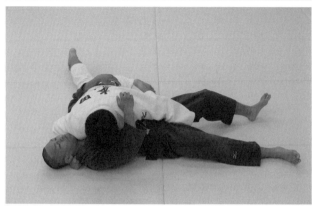

相手の上体を制する抑込技で、相手の上体に自分の上体を横向きで乗せて抑え込む。逃れ方として、空いている方の手で後帯をつかみ、ブリッジをしながら相手を回転させる方法がよく使われる。この他にも帯をつかんで下腹部を抑え込むパターンもある

66 縦四方固（たてしほうがため） 固技≫抑込技

相手に馬乗りになって上体と足でしっかりと抑え込む。より確実に抑え込み、相手の下半身の動きを制するには、自分の両足首を相手の足首に絡ませる方法がある。縦四方固には、この他にも相手の肩から腕にかけてのみ抑えるパターンもある

67 袈裟固（けさがため） 固技≫抑込技

重量級に有利な基本の抑込技で、相手の首に腕を回し、相手の身体を自分の上半身で抑える。抑え込まれている相手が下から背中を引っ張り、ひっくり返そうとするケースがあるが、その場合は相手の首から手を離し、畳に着いてバランスをとるようにする

68 並十字絞（なみじゅうじじめ） 固技≫絞技

頚動脈を圧迫し血液の循環を止める絞技で、交差した手で襟を握り、首を絞める。絞めている側の両ひじを相手が押し上げて逃れようとする場合は自分の両ひじを曲げながら腰を浮かせ、上体を相手に覆い被せるように上方に倒して抑える方法がある

69 逆十字絞（ぎゃくじゅうじじめ） 固技≫絞技

頚動脈を圧迫し、血液の循環を止める絞技で、交差した手（順手）で襟を握り、首を絞める。仰向けになっている相手に馬乗りになって絞めるパターン、相手の下から絞めるパターンなどがある。絞める場合は相手を十分引きつけ、両足を利用して相手の自由を奪う

70 片十字絞（かたじゅうじじめ） 固技≫絞技

交差した手（順手と逆手）で襟を握り、首を絞める。片方の小指付け根が相手の右頚動脈にあたるようにする。片方の手で絞めても効果は十分ある。この技も仰向けになっている相手に馬乗りになって絞めるパターン、相手の下から絞めるパターンなどがある

71　送襟絞（おくりえりじめ）　　固技≫絞技

襟を使って相手の頸部を絞める技。相手の後方、または側方から両手で相手の襟を握って絞める。送襟絞は試合でよく使われ、相手の体勢によって形が変わるという変化に富んだ技だが、襟を使った絞りがこの技の特徴となっている

72　片羽絞（かたはじめ）　　固技≫絞技

片腕を制する絞め技で、相手の片方の腕を捉え、両手を連動させて頸部を絞める。片羽絞を防ぐためには、相手が腕を自分の脇の下へ入れようとする時に両足を畳に効かせ、頭を後ろに反らしてプレッシャーをかける。腕を羽と見たことから片羽絞と名付けられた

73　袖車絞（そでぐるまじめ）　　固技≫絞技

自分の袖口を使って、相手ののど元を絞める。相手を絞める時は、両手首を使い相手ののど元を押し、自分の上体は相手から遠くなるように後ろに引く。腕と身体の反作用を使うことで、より強く絞めることができる。手が長く、比較的細身の選手がかけやすい

74　片手絞（かたてじめ）　　固技≫絞技

柔道衣の襟を利用し、相手の頸部を片手で圧迫して絞める。片手で相手の頸部を絞めるが、足やもう片方の腕で相手の自由を制し効果的に決める。相手を後転させて畳に頭を押しつけた体勢で相手の片襟を握り、その腕で相手ののど元を圧迫する方法もある

75 両手絞（りょうてじめ） 固技≫絞技

奥襟を取った両手で、相手の頸部を絞める。立ち姿勢で正対した位置から両手だけで絞めるパターンと、仰向けになった姿勢で手と脚で絞めるパターンがある。両手で絞める動作に加え、相手を自分の両足で抑えながら相手の自由を奪うとより効果的

76 突込絞（つっこみじめ） 固技≫絞技

仰向けの相手に馬乗りになって襟を使い、頸部を絞める。数ある絞め技の中でも最も簡単に仕掛けることができる技。突込絞は両手で絞めるだけの技で、無防備なまま馬乗りになっていることから、相手が上級者の場合は関節をとられる恐れがあるため警戒が必要

77　三角絞（さんかくじめ）　　　固技≫絞技

両足を使って、相手の首と腕を同時に絞める。上からかけるパターンや下からかけるパターンなど体勢に応じて自在に仕掛けられ、バリエーションに富んだ絞技。その名の通り、決まった時の両足の形が三角形になる

78　腕緘（うでがらみ）　　　固技≫関節技

ひじを強くきめる関節技で、てこの原理で相手のひじ関節をきめる。試合では、横四方固などを仕掛けた時、抵抗してきた相手の腕を狙って腕緘を仕掛ける時など、抑込技から移行するパターンが効果的。腕緘を仕掛けると見せて、抑込技に転ずるケースもある

79 腕挫十字固（うでひしぎじゅうじがため） 固技≫関節技

関節技の代表格。相手の片腕を自分の太ももに挟んで絞め、自分の両手で相手の腕全体を反らせるように伸ばして決める。試合では、巴投などを仕掛けた後に、腕挫十字固へ移行するパターンがよく見られる

80 腕挫腕固（うでひしぎうでがため） 固技≫関節技

腕で固める関節技で、相手の片腕を自分の胸に抱きかかえるように締めつけ、ひじ関節をきめる。上から抑え込もうとしている相手が、逃れるためにこちら側の襟をつかもうと腕を伸ばしてきた時が技をかけるチャンス。この技から抑込技に移行するケースが多い

81 腕挫膝固（うでひしぎひざがため）　　固技≫関節技

腕挫腕固と同類技で、膝を使って相手のひじ関節をきめる。相手が寝技で攻めてきた時、伸ばしてきた相手の腕を取って自分の両ひざできめる。きめ方はさまざまなパターンがあり、技術的難度の高い技の1つ

82 腕挫腋固（うでひしぎわきがため）　　固技≫関節技

片腕を後ろにねじったように取ってひじ関節をきめる技で、危険な要素を持った関節技。立った状態から身体を捨てて腕挫腋固を仕掛ける場合、極められた状態の腕に身体を浴びせ倒すため、ひじのじん帯を痛めるなど危険な行為として反則をとられるので要注意

83 腕挫腹固（うでひしぎはらがため） 固技≫関節技

相手の片腕を自分のお腹で抑えてきめる技。お腹の出ている選手が使うと有利とされる。試合では、この技から抑込技へ移行することが多い。また、横から相手の腕を取る方法もある

84 腕挫脚固（うでひしぎあしがため） 固技≫関節技

両足でひじ関節を攻める技で、相手の腕に自分の両足を絡めて相手のひじ関節をきめる。腕挫脚固にはさまざまなパターンがあり、相手がうつ伏せや袈裟固などで仰向けになっている体勢からかけることができる。抑込技や固技から転じる場合が多い

85 腕挫手固（うでひしぎてがため） 固技≫関節技

両手でひじ関節を攻める関節技で、両手で相手の腕を捉え、相手のひじ関節をきめる。袈裟固や横四方固などの固技からこの技へ移行することが多く、きめ方にはさまざまなパターンがある。袈裟固から移行する場合は抱え込んでいた方の相手の腕をきめる

86 腕挫三角固（うでひしぎさんかくがため） 固技≫関節技

三角絞によく似た技で、両足を組んで相手の片腕と首を挟み込み、ひじ関節をきめる。腕を捉えるために組んだ足の形が三角形になることから腕挫三角固と呼ばれている。三角絞との共通点が多く、技術的難度の高い技

予備知識

敗者復活戦

　世界選手権やオリンピックなど、敗者復活戦を行って最終順位を決める大会がある。ここでは、やや複雑な敗者復活戦のシステムを紹介する。

　敗者復活戦を採用する大会では、3位以下の順位を右ページのトーナメント表にあるようなかたちで決定する。まず、準々決勝の敗者は敗者復活戦に回り、準決勝の敗者が別プールの敗者復活戦の勝者とそれぞれ3位決定戦を行う。そして、最終的に3位2名、5位2名をそれぞれ決定。敗者復活戦の敗者は最終的に7位となる。なお、準々決勝までは通常のトーナメント方式で行われる。

　他の競技では、準決勝の敗者同士で3位決定戦を行うため、少しわかりづらいシステムかもしれないが、オリンピックや世界選手権など、柔道の国際大会を観戦する時に役立ててほしい。

写真：FlickreviewR CC-BY-2.0

予備知識

2プールによるベスト16以降のトーナメントの例

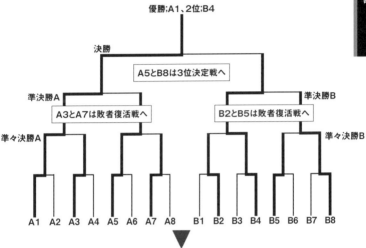

敗者復活戦と3位決定戦の対戦方式

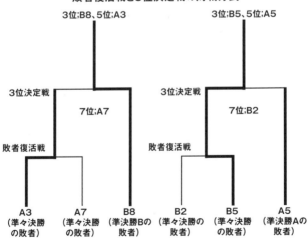

団体戦のルールと礼法

団体戦には、お互いの選手が順番に対戦する「対戦方式」、負けるまで同じ選手が戦う「勝抜き戦方式」の2種類の対戦方法がある。また、1チームの構成人数は大会によって異なり、たとえば2017年の世界選手権の男女混合団体戦は、1チームは男女3人ずつの計6人(女子57kg級、男子73kg級、女子70kg級、男子90kg級、女子70kg超級、男子90kg超級)で構成され、国別チームによって行われた(国内では5人でチーム編成をするのが一般的)。

団体戦では、試合開始と終了時に試合場中央に両チームの選手が向き合って整列し、主審の合図で正面を向いて「礼」を、続く合図でチーム同士でお互いに「礼」を行う。その後、はじめの選手以外は場内を出て待機場所に移動する。試合終了時も同じように整列し、主審の勝者の合図の後、お互いに立礼を行ってから上席(正面)に礼をし、退場する。団体戦に出場する場合は、礼法も覚えておこう。

試合開始時と終了時の整列位置

国際試合の場合

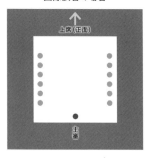

国際試合では上席側で「先鋒」同士、審判員側で「大将」同士が向き合って整列する
国内試合では上席側で「大将」同士、審判員側で「先鋒」同士が向き合って整列する

世界ランキング

予備知識

　国際柔道連盟（IJF）では、2009年から国際大会での成績に応じて選手個人にポイントを与える制度として、世界ランキング制を導入した。

　下の表にあるように各国際大会を格付けしているため、大会ごとに得られるポイント数が異なっている。選手はこれらの国際大会で得たポイント数によってランキングされ、その順位が国際大会でのシード権やオリンピック出場資格に反映される。ちなみに、オリンピック出場資格は男子で上位22位まで、女子では上位14位までとされている。なお、同じ階級内では出場1カ国に対して1名の代表選手が出場するのが原則となっており、同じ階級のランキング内に同じ国の選手が複数いる場合は各国で1名を選考する。

　なお、獲得したポイントは獲得した時期から年月が経過するにつれて減算される仕組みになっている。

各国際大会で得られるポイント数

	コンチネンタルオープン	大陸選手権	世界ジュニア	グランプリ	グランドスラム	ワールドマスターズ	世界選手権
優勝	100	700	700	700	1000	1800	2000
2位	70	490	490	490	700	1260	1400
3位タイ	50	350	350	350	500	900	1000
5位タイ	36	252	252	252	360	648	720
7位タイ	26	182	182	182	260	468	520
ベスト16	16	112	112	112	160	—	320
ベスト32	12	84	84	84	120	—	240
1試合勝利	10	70	70	70	100	—	200
参加ポイント	—	6	6	6	10	200	20

おわりに

頻繁に変わるルールを正しく理解し その中で自身の成長を求めてほしい

　2016年のリオデジャネイロ五輪で、日本は男女合わせて金メダル3個、銀メダル1個、銅メダル8個と、計12個のメダルを獲得することができました。その4年前のロンドン五輪の成績が金メダル1個を含む計7個だったことを考えると、リオデジャネイロ五輪は日本の柔道界にとって面目躍如の大会になったと言っていいでしょう。

　しかし、これまで"日本のお家芸"として広く認知されてきた柔道は、近年になって大きな変化を続けており、柔道の生みの親である日本も、世界の舞台で簡単に勝てない時代が到来したことは間違いありません。その変化に適応するためには、古くから伝わる「柔道」を、世界中に普及した「JUDO」という競技として捉える必要があります。

　それは、近年になって頻繁に改正されているルールについても同じことが言えます。たとえば、1990年代には審判員を監督する立場の審判委員（ジュリー）制度が設けられ、2000年代に入ると審判員を補助する役割としてビデオ判定（ケアシステム）も本格的に導入されました。また、最近では「技あり」2回で「技あり、合わせて一本」となるルールが復活するなど、スコア基準や試合時間も含め、国際柔道連盟が毎年のようにルールを改正しています。

　かつてロンドン五輪で成績不振に終わった時、日本柔道界では技の数や寝技への対応で後れをとっていることに危

予備知識

機感を覚えると同時に、新ルールへの適応力でも課題を抱えていると認識しました。そのため、リオデジャネイロ五輪までの4年間、新ルールへの理解を深め、海外の選手や審判員に対応する研究を行いました。これも、2016年に成果を収められた理由のひとつだと思います。

もちろん、ルールが変化する中においても柔道の基本的な技や組み手などは大きく変わりません。しかし、自分が得意とする技をかける場合でも、ルールという枠組みの中で発揮しなければいけない以上、頻繁に改正されるルールを正しく理解することは不可欠になります。

本書を手にしたみなさんには、まずは基本的な柔道のかたちを身につけ、ルールに合わせて自身の柔道の成長を求めてほしいと思います。その中で、投げ技や寝技といった柔道の醍醐味を存分に楽しんでください。

鈴木 桂治

監修者・撮影モデル紹介

監修者

鈴木桂治
すずき・けいじ

2004年アテネ五輪柔道100Kg超級金メダリスト。現役時代は世界柔道選手権では2003年に無差別級で、2005年は100Kg級でそれぞれ金メダルを獲得した他、全日本柔道選手権で4度の優勝を経験した。現在は母校の国士舘大学の体育学部准教授および柔道部男子監督を務める。また、全日本男子のコーチとしても活躍中。1980年生まれ、茨城県出身。

撮影モデル

山田翔己
（やまだ・しょうき）

相場洸太
（あいば・こうた）

角田凌
（つのだ・りょう）

岸部俊一
きしべ・しゅんいち
国士舘大学柔道部出身。全日本柔道連盟公認Sライセンス審判員として講道館杯、国民体育大会など各種大会の審判員を務める他、山梨県甲斐市立敷島中学校柔道部、敷島柔道スポーツ少年団で指導にあたる。1963年生まれ、群馬県出身。

大森保志
（おおもり・やすし）

渡辺優
（わたなべ・まさる）

本田慎平
（ほんだ・しんぺい）

監修	鈴木桂治（国士舘大学柔道部男子監督）
	岸部俊一（全日本柔道連盟Sライセンス審判員）

<STAFF>

編集・執筆	中山淳（有限会社アルマンド）
カバーデザイン	坂井栄一（坂井図案室）
本文デザイン	上筋英彌・木寅美香（アップライン）
写真	小林司、高木明彦
協力	AZUSA、国士舘大学柔道部、敷島柔道スポーツ少年団

パーフェクトレッスンブック
観戦&実戦で役に立つ!
柔道のルール　審判の基本

監修者	鈴木桂治、岸部俊一
発行者	岩野裕一
発行所	株式会社実業之日本社

〒153-0044
東京都目黒区大橋1-5-1　クロスエアタワー8階

電話	03-6809-0452（編集）
	03-6809-0495（販売）
ホームページ	http://www.j-n.co.jp/
印刷・製本	大日本印刷株式会社

©Keiji Suzuki, Shunichi Kishibe 2018 Printed in Japan
ISBN978-4-408-33720-3（第一スポーツ）

本書の一部あるいは全部を無断で複写・複製（コピー、スキャン、デジタル化等）・転載することは、法律で定められた場合を除き、禁じられています。また、購入者以外の第三者による本書のいかなる電子複製も一切認められておりません。
落丁・乱丁（ページ順序の間違いや抜け落ち）の場合は、ご面倒でも購入された書店名を明記して、小社販売部あてにお送りください。送料小社負担でお取り替えいたします。ただし、古書店等で購入したものについてはお取り替えできません。
定価はカバーに表示してあります。
小社のプライバシーポリシー（個人情報の取り扱い）は上記ホームページをご覧ください。